Origami

Selected Poems of Manuel Ulacia

Selected and Translated by

Indran Amirthanayagam

Praise for Manuel Ulacia

By the time the Mexican poet Manuel Ulacia drowned in the Pacific Ocean, he was 47 years old. As a poet, as well as a literary critic, he had already written a notable body of work.

Ulacia possessed a rich voice; among the recurring themes in his poetry are: the places he visited and lived in; desire—in particular homosexual—at a time in Latin America when being an openly gay writer was taboo, and History, where, his family's involvement with Spain's Generación del 27 links his poetry to a Golden Age, a renaissance that included remarkable 20th century bards like Manuel Altolaguirre (Ulacia's grandfather), Federico García Lorca, Rafael Alberti, the Nobel Prize winner Vicente Alexander, and Luis Cernuda. In addition to these illustrious names, the family's circle of close friends included monumental figures of politics and social change like Leon Trotsky. In fact, Luis Cernuda was Manuel Ulacia's Godfather. (After the Sevillian retired from teaching at Mount Holyoke College, he moved to Mexico City and remained as a life-long guest in the palatial residence of the Ulacia Altolaguirre families in Coayacán).

When these illustrious names pop up in Ulacias's poetry, he's not just name- dropping: they appear in intimate, and sometimes indiscreet, ways. We learn, for example, that when Manuel's grandmother, Concha Méndez (poet, playwright, a pioneer of women's rights and an early publisher of books by Neruda and Lorca), took Manuel at age 10 to visit the deeply closeted Vicente Alexander, the Nobel Laureate caressed the boy's hair with tenderness and warmth, as if to let Manuel know that he and the famous man had a secret in common.

He was, indeed, a kind of prince of Mexican poetry (Octavio Paz was his mentor and putative father); and his poetry is grand and elegant in a princely way. But he also wrote some of the most erotic poems in Spanish in the 20th century Additionally, like Cavafy he was deeply aware of history and tradition. His long, almost epic, poems are mysterious, rich, erudite, and resonant in the tradition of Góngora and Sor Juana Inés de la Cruz. In particular, I love his poems in the English Romantic tradition. Sometimes they are delicate and lyrical like Keats'. At other times, like William Wordsworth, he was obsessed with finding the key that could unlock his nostalgic memories of his youth, when he was still innocent. Ulacia was also fearlessly uninhibited about his many sexual dalliances, as well as searingly unabashed about sharing the sexual intimacies of his marriage. There was, too, more than a touch of Lord Byron in him, down to the tragic and "romantic" way in which he died.

The translations in this volume deserve much praise. The legendary Suzanne Jill Levine with her translation of "River," and the multilingual Sri Lankan-American poet, Indran Amirthanayagam, have triumphantly brought into English Ulacia's unique, unforgettable music.

—Jaime Manrique

Manuel Ulacia's poetry folds water in all of its forms like origami. The surfaces of his intricate sculptures reflect life that is the same yet profoundly changed by their transformation. Harmonious and haunting, Indran Armirthanayagam's English translations follow every fold and dimension of each poem. Superb!

—Jennifer Rathbun

When I heard of Indran Amirthanayagam's decision to translate a selection of Manuel Ulacia's poems, I was very pleased. His fluent and sensitive versions are certain to win an Anglophone audience for this neglected poet's work. It's a judicious selection, highlighting his persistent concerns and strengths, in poems that offer a mythic perspective on human experience, composed with remarkable purity of expression. My only regret is that Manolo is not here to see the publication and to enjoy the appreciation of his achievement among readers of a new generation.

—Alfred Corn

Origami: Selected Poems of Manuel Ulacia
Manuel Ulacia
Translated by Indran Amirthanayagam

Poems, copyright © 2023 Indran Amirthanayagam
Edition, copyright © 2023 Diálogos Books.

All rights reserved. No part of this work may be reproduced in any form without the expressed written permission of the copyright holders and Diálogos Books.

Printed in the U.S.A.

Book design: Bill Lavender
Front Cover: Isabel Ulacia

Library of Congress Control Number: 2022947459
Ulacia, Manuel
with Indran Amirthanayagam (translator)
Origami: Selected Poems of Manuel Ulacia / Manuel Ulacia;
p. cm.
ISBN: 978-1-956921-10-6 (pbk.)

DIÁLOGOS BOOKS
dialogosbooks.com

Acknowledgements

Some of these translations were published in *Reversible Monuments: Contemporary Mexican Poetry* (Copper Canyon Press, 2001), at *Poetry at Sangam* and in *Fafnir's Heart: An Anthology of World Poetry in Translation*. The translator collaborated with the author in the revision of the translations.

Many thanks to Suzanne Jill Levine for permission to use her translation of "Rio".

Índice

Resolución, a las cinco de la tarde
   (Indran Amirthanayagam)   18

De *El río y la piedra* (1981–9)

Regreso a la ciudad	26
Encuentros	28
Tenochtitlan blues	30
En un baño de vapor	32
Unidad	34
Mar Egeo	38
Semilla	42
Rio	48
Visita al Turk's Head pub	78
Hampstead Heath	82
Visita a Vicente Aleixandre con unas ramas de acebo	84
El viaje	86
La piedra en el fondo	94

Origami para un dia de lluvia

Origami para un dia de lluvia	110

De *Arabian Knights and Scottish Mornings* (1991-2000)

La cena	164
Arabian knight	166
Express a Marraquech	170
En el Ritz de Meknes	180
Fiesta en un jardín de Tánger	184
En el pequeño puerto	186

Contents

Memories of Manuel, by Alfred Corn   x

Resolution: At Five in the Afternoon
   (Indran Amirthanayagam)   19

From *The River and the Stone* (1981–9)

Return To The City	27
Encounter	29
Tenochtitlan Blues	31
In The Steam Bath	33
Unit	35
Aegean Sea	39
Seed	43
River	49
Visit to Turk's Head Pub	79
Hampstead Heath	83
Visiting Vicente Aleixandre with Bunches of Holly	85
Journey	87
The Stone in the Depths	95

Origami For A Rainy Day

Origami For A Rainy Day	111

From *Arabian Knights and Scottish Mornings* (1991-2000)

Supper	165
Arabian Knight	167
Express to Marrakech	171
In The Ritz At Meknes	181
Party In A Tangiers Garden	185
In The Little Port	187

Viento	190
En Roslin Glenn	192
Un dia en el bosque	194
Otra vez Jack	200
Concierto de cello	202

El plato azul

El plato azul	208

De *primeros poemas* (1977–80)

En la playa	240
La tortuga milenaria	240
Nieve	240
Puerto nuevo	242
Volcan	242
Agosto	242
Te he buscado	244
La palabra	244
Conrail wax museum	246
Eaton Hall	248
Epílogo: Manolo Ulacia, presente! (Indran Amirthanayagam)	250

Wind	191
In Roslin Glen	193
A Day In The Wood	195
Again Jack	201
Cello Recital	203

The Blue Plate

The Blue Plate	209

From *First Poems* (1977–80)

On The Beach	241
The Millennial Tortoise	241
Snow	241
New Port	243
Volcano	243
August	243
I Have Looked For You	245
The Word	245
Conrail Wax Museum	247
Eaton Hall	249
Epilogue: Manolo Ulacia, present! (Indran Amirthanayagam)	251

Memories of Manuel, by Alfred Corn

In the winter of 1981, I was living in New Haven, in fact, on the Yale campus in the Silliman College residential quarters accorded to the College's Resident Fellow. That was my partner, J.D. McClatchy, who was an Assistant Professor in the English Department. Two or three times weekly I exercised in the Yale Gym, my routines usually followed up by a sweaty half hour in the gym's steam room. I never knew the names of others breathing steam alongside me, and seldom spoke to them; but on several occasions I saw a young man who always fixed me with a meaningful stare—a stare I studiously avoided. In late February, McClatchy and I were approached (at a poetry reading, I believe) by a Mexican Ph.D. candidate in Yale's Spanish literature department. He introduced himself as Manuel Ulacia. I immediately recognized him as the person in the steam room, but neither of us mentioned having seen each other there.

Shortly after, he invited us to dinner at his campus apartment, and we became better acquainted. I learned that his grandfather was the Spanish poet Manuel Altolaguirre, a member of the "Generation of 27," along with Lorca, Alberti and Cernuda. After Franco's usurpation of power, Manuel's grandparents had left Spain and gone to Cuba. I should mention that Manuel's grandmother was the poet and dramatist Concepción Méndez Cuesta, who published under the name of Concha Méndez. She too can be considered a member of the Generation of 27, though not as well-known as the others. Divorced from Altolaguirre in Cuba, she and her daughter Paloma went on to Mexico City. Eventually, Paloma married a man of means there, a factory-owner, I believe, his family name Ulacia. The couple established themselves in Mexico's elegant suburb Coyoacán, where Diego

Rivera and Frida Kahlo also lived. The house was large enough to offer shelter to Luís Cernuda, who had also exiled himself from Spain. Manuel told me that as a boy he often walked across the courtyard to speak with Cernuda. That may well have been the beginning of Manuel's vocation as a poet. I don't know at what age Manuel discovered that his own sexual orientation was the same as Cernuda's, or whether the topic ever came up between them. It seemed strange to me that a Mexican poet would want to come to Yale to complete a Ph.D., but Manuel explained that Yale's Latin American Studies department had on its faculty the significant Uruguayan critic and editor Emir Rodríguez Monegal. Also, Manuel pointed out that the Spanish poet Pedro Salinas had come to New England and taught at universities in the early 1950s. So it was not a quixotic ambition to do something similar, in fact, once Manuel had his degree, in his later years he was able to work as a professor at UNAM (the National Autonomous University of Mexico).

By a strange coincidence, McClatchy and I had planned a trip to Mexico for the spring semester break that year. Manuel hadn't scheduled a return home then, but he put us in touch with his friend Danubio Torres Fierro, who kindly took us to see the sights. The most staggering of these was the Museo Nacional de Antropología, which houses the greatest treasures of several ancient Mesoamerican civilizations, including the fabled "Sunstone." From Mexico City we went to the Yucatán to see the Mayan sites at Chichén Itzá—an unforgettable experience. On our return to the States, we stopped in New York and spent an evening with another of Manuel's friends, a poet named Veronica Volkow. We learned that she and Manuel had been best of friends in their teen years and that she was the great-granddaughter of Leon Trotsky, whose house in Coyoacán is now a museum dedicated to his memory.

Back in New Haven we reunited with Manuel and gave an enthusiastic account of our experiences in his home country. I think he was pleased that we had an adequate esteem for a culture that most US Americans know little about. We, in turn, contributed something from our own culture. I think it was because of our close association with the poet James Merrill that Manuel discovered his work and immediately became an admirer. I speculate that his special interest in Merrill was based not solely on the quality of Merrill's poetry but also because Merrill wrote openly about same-sex experience. Further, Merrill was the scion of one of the richest families in the United States, a well-traveled sophisticate, and completely apolitical, insofar as such a thing is possible. We came to realize that, in the leftist ambiance of contemporary poetry in Mexico, Manuel, with his haut-bourgeois background, was marginalized. He had chosen not to repudiate his origins but instead to uphold them. He had one powerful ally in Octavio Paz, who in his later years moved to the right in his political views. Apart from Paz, Manuel was mostly on his own as a Mexican poet. McClatchy and I understood his point of view but even so were startled when Manuel said he thought that Mexico's political problems could be solved if it established a constitutional monarchy. We ventured the observation that monarchy had already been tried (and disastrously failed) when Archduke Maximilian was summoned to serve as king—indeed, Emperor—of Mexico in the 19th century. But, no, Manuel was convinced it could work, arguing that it would appeal to the mythic consciousness of the masses and to the reasoned interests of the country's elites. Because of our friendship, I didn't pursue the argument; I knew that the scheme was a practical impossibility, so why waste energy attacking what is in itself impossible? When circumstances permitted, we introduced Manuel to Merrill, but nothing came of it, apart from translations that Manuel made of Merrill's poems. Despite Manuel's very ardent admiration, James didn't warm to Manuel and didn't pursue any sort of relationship with him. Granted, Manuel's English, though fluent, was not perfect, and it's likely that Merrill regarded him as simply one more person from "south of the border," therefore of no special interest. In my experience, it is nearly impossible to dissuade someone from an antipathy formed on brief exposure when no other forces act to bring the two people more favorably together.

At the end of the year, partly because of Manuel's urging, we decided to make another trip to Mexico City, at a time when he would himself be there. We arrived in the last week of December, staying at a hotel in Zona Rosa. Manuel planned a party for New Year's Eve, and preparations for it involved an errand down to Xochimilco to buy flowers. I went with Manuel and his new partner, a Brazilian writer named Horacio Costa. I'm not sure where they met or when, but it was clear that they were already committed to each other. We drove from Xochimilco to Coyoacán with an armload of calla lilies and other bouquets. I somehow got the feeling that the callas were a symbolic representation of the two male couples who would be present at the party, a way of saying to other guests, "I know what you are thinking, and I don't care." At that time not many gay people in Mexico were open about their lives, following the old repressive "Don't ask, don't tell" program. It was one more factor in Manuel's marginalization on the Mexican scene, and he deserves credit for not forming a cover-up marriage as many other people have done.

When we walked into the courtyard of the big house, we saw at the other end Manuel's grandmother Concha Méndez standing behind a barred window. We went up to her and I was introduced. She and I spoke in French without saying much that was substantial, but she apologized for the crutches she needed so as to remain standing. Those words coming from behind bars were especially painful. Manuel's mother came out, her hair in curlers, and spoke. I was impressed by her dignified carriage and thoughtful manners. She directed us as we put the flowers in vases. And then went away to prepare for the party. McClatchy joined us after that and the evening began. A feast was offered, dish after dish. Just before midnight, each guest was supplied with twelve grapes, which we were instructed to eat one by one as the festival hour approached, silently making wishes for the New Year. I don't know whether this is an old Spanish or Mexican custom, but, in any case, I complied—without remembering, now, what my wishes were. Then came music and dancing, though McClatchy and I didn't join in.

The remainder of the stay involved excursions to Tepotzotlán and the Museo Nacional del Virreinato (Museum of the Viceroyalty) and other sights, activities that allowed us to become better acquainted with both Horacio and Manuel. Also, Manuel took us to meet Octavio Paz, who was having lunch with a friend at a German restaurant in the Zona Rosa—Bellinghausen, I believe the name of the restaurant was, and I was told that Paz often dined there. He was polite, but not especially warm, which is not surprising, given that we were unknown quantities. A few days later we went on to Puerto Vallarta for a few days and then back to New York. The following summer, Manuel came to see us in our country place in Vermont. I recall that he brought a beautiful peony as a house present, which we planted immediately. (Every summer thereafter it put out a few white flowers with gold centers.) That night as we sat in the living room, we all were surprised to see a luna moth fluttering at the window, the first I had ever seen (and the last). When you consider the importance of the moon in Spanish-language poetry, it seems the perfect token of Manuel's visit to us.

The next year, Manuel, whom we had begun calling "Manolo," as his other friends did, completed his degree and returned to Mexico. After that, we were only occasionally in touch, exchanging books and good wishes. I remember that Manolo translated my poem "November Leaves" (as "Noviembre se deshoja") and published it in a Mexican magazine. I also recall that with Manolo's help I wrote an essay about the work of Paz, in which I lamented the Nobel Committee's neglecting to recognize Paz's importance. It appeared in *The Yale Review* in 1987, after which Manolo translated and published it in *Vuelta* the following year. In 1990 the Nobel was accorded to Paz, which I experienced as a vindication.

I didn't see Manolo again until July of 1995. By then McClatchy and I had gone our separate ways, and my new partner Christopher Corwin accompanied me on a trip to Mexico. We stayed two nights with Manolo in his new house in Coyoacán, which his mother had bought and renovated for him, and a very attractive residence it was, filled with antiques, Chinese blue-and-white porcelains and Mexican baroque artworks. I had the feeling that things were not going well with Horacio, even though nothing about difficulties between them was mentioned. Christopher and I went on to visit some of Mexico's provincial cities, including San Miguel de Allende. When we returned to Mexico City we saw Manolo once more, without realizing it would be the last time we would meet. In the following years we occasionally exchanged letters, and I heard that Horacio had ended the relationship and gone back to Brazil. I also heard that Manolo was taking medication for clinical depression.

In 2001, he alerted me to a video made for Mexico's TV channel 22. It was available online, so I listened as he recited a poem by the Mexican poet Xavier Villaurrutia, one drawn from his second book, titled *Nostalgia de la muerte* (*Nostalgia for Death*). I'm speaking of the poem "Nocturno mar" ("Sea Nocturne"), which is an evocation of the sea, developing the theme of death and its metaphoric relationship to the sea. Not long after that, I received an email message from our mutual friend Jennifer Clement, who gave me the sad news. During a vacation in Ixtapa, on Mexico's Pacific coast, Manuel had swum too far out to sea and drowned. The surf there was known to be dangerous, but his friends had seen him wave to them happily far out in the water. And then he disappeared. The question arose whether his death was intentional, but it's not something that can be resolved definitively. I don't know whether Manolo had read Stevie Smith's poem "Not Waving but Drowning," but there is a strong chance that he knew the poem, given that he read extensively in English-language poetry. What I can say is that it was a shockingly premature death; he was only forty-eight and should by rights have had decades of work before him. I regret the loss of a friend and an important writer.

When I heard of Indran Amirthanayagam's decision to translate a selection of Manuel Ulacia's poems, I was very pleased. His fluent and sensitive versions are certain to win an Anglophone audience for this neglected poet's work. It's a judicious selection, highlighting his persistent concerns and strengths, in poems that offer a mythic perspective on human experience, composed with remarkable purity of expression. My only regret is that Manolo is not here to see the publication and to enjoy the appreciation of his achievement among readers of a new generation.

—Alfred Corn

Resolución, a las cinco de la tarde
(Indran Amirthanayagam)

Veo fotos tuyas en línea, mi querido Manuel,
el bello joven con cabello ondulado,
el bigote de los veinte años, la cara melancólica
y adolorida que mostraste a no sé cual
fotógrafo que quedó grabado
para tu familia por todos lados.

Te cuento que una revista india,
de Pune, quiere editar tus poemas,
los que traduje en aquellos años en el D.F.
Nunca sabré por qué te tocaron a ti cuarenta
y siete años, a José Emilio setenta y cuatro,
y a Monsi o a Octavio no me acuerdo ahora,

Ciudad de Poetas Muertos. Ciudad donde
aprendí a escribir poemas en español.
¿Quién tomará la batuta? Aquella *Roma*
ya no existe. La *Zona Rosa* donde me
hechizaste con un mole verde sigue ahí—
más con balazos entre mafiosos.

Todo va a la deriva, tú, aquel domingo,
saludando encima de las aguas malas.
Me dijiste, Manuel, que escogiera
entre mis lenguas, que no podía seguir
escribiendo en inglés y español. Entendí
tu inquietud, que me deseabas lo mejor.

Resolution: At Five in the Afternoon
(Indran Amirthanayagam)

I see your photos online, my dear Manuel,
the beautiful youth with curly hair,
the mustache of your twenties, the melancholic
and suffering face you showed, am not
sure to which photographer, etched
for your family everywhere.

Let me report that an Indian magazine,
from Pune, wants to publish your poems,
the ones I translated during those years
in Mexico City. I will never know why you
were given 47 years, Jose Emilio 74, and Monsi,
Octavio, I don't remember now how many,

City of Dead Poets. City where I learned
to write poems in Spanish. Who will take up
the baton? That *Roma*
no longer exists. The *Zona Rosa*, where
you bewitched me with a green mole sauce,
lives on, but with shoot-outs between mafiosos.

Everything down the slide, you, that Sunday,
waving above the turbid and evil waters.
You told me, Manuel, that I must choose
between tongues, that I could not continue
writing in English and Spanish. I understood
your concern, that you wished me the best.

Sigo siendo aprendiz en todos los idiomas;
te confieso que he adquirido otros dos
en el camino. He tenido que distraerme,
Manuel. Las memorias ayudan
con las emociones; dan consuelo,
mas al amanecer, o a las cinco de la tarde—

como aquella donde entraste
las olas en Zihuatanejo— a tus amigos
en la playa, sus brazos levantados—
no nos queda otra opción
que nadar, ya sea por unos minutos
o el resto de la vida.

—Indran Amirthanayagam, el 16 de febrero, 2014

I continue being an apprentice in all languages;
I confess I have acquired two others
along the road. I have had to distract myself,
Manuel. Memories help with emotions;
They console, but at dawn,
or at five o'clock in the afternoon—

like that one where you entered
the waves in Zihuatanejo— to your friends
on the beach, their arms raised—
we have no other option than to swim,
it does not matter if only for a few
minutes or the rest of our lives.

—Indran Amirthanayagam, February 16, 2014

Origami: poemas escogidos

Origami: Selected Poems

De *El río y la piedra* (1981–9)

From *The River and the Stone* (1981–9)

I

Regreso a la ciudad

La luz entre las hojas—
y recobro la infancia...
Todo cambia—dijo mi padre en la calle 5 de mayo-.
Miré la tarde huir con las nubes en bandadas.

I

Return To The City

The light among the leaves—
and I regain my childhood…
Everything changes—my father said on the street called *Cinco de Mayo*.
I saw the evening flee in flocks of clouds

Encuentros

Entregarte como la piedra al vértigo
profundo de la noche,
caer y volver a estar donde estuvimos,
ser los mismos y ser otros
como si todo otra vez fuera nuevo,
el tren que pasa, la ventana azul,
mi cuerpo desnudo junto al tuyo.
Llenos de amor en un cuarto vacío.

Encounter

Give yourself like a stone to the deep
vertigo of night,
fall and return to be where we once were,
be the same, and yet be others
as if everything were new again—
the passing train, the blue window,
my body naked against yours,
filled with love in an empty room.

Tenochtitlan blues

Cae la tarde
        y termina tu viaje.
Mañana cuando te marches
        te buscaré en el vacío
que dejaste por todas partes.
        Y si el día es claro,
tal vez alcance a ver los volcanes
        siempre cubiertos de nieve,
como el silencio que envuelve
        a dos cuerpos que se miraron
sin tocarse si quiera.

Tenochtitlan Blues

Evening falls
  and you finish your trip.
Tomorrow when you go
  I will look for you in the emptiness
you left everywhere.
  And if the day is clear,
perhaps I may get to see the two volcanos
  forever covered with snow,
like the silence that envelops
  two bodies that gazed at each other
without even touching.

En un baño de vapor

a Santiago Quintana

de mirada fija
                  nariz y boca
en piedras cinceladas
                  un joven
busca
      entre idénticas esculturas de mármol
erguidas
      en los pedestales de la indiferencia
sumergidas
         en un sueño
                        no palpable
acuario de peces
                    ambulantes y nerviosos

la imagen del otro

        y encuentra en el vaho del espejo
la suya
            perpleja
absorta
                      desdibujada

In The Steam Bath

to Santiago Quintana

with a fixed stare
               nose and mouth
in chiseled stone
          a youth
searches
    among identical marble statues
erected
    on pedestals of indifference
submerged
      in an impalpable
                 dream
an aquarium
          of wandering nervous fish

the image of the other

      and in the steam on the mirror
he finds his own image
          perplexed
absorbed
                    diffused

II

Unidad

a Ramón y Ana María Xirau

somos una sola Persona
               avanzamos en el tiempo
como la ola que llega
               siempre a la misma playa

las arenas se beben al mar
               y el mar nunca se termina

el agua es nuestra sangre
               ue olvidó su rojo

desde las grandes arterias
               del Nilo y del Amazonas
hasta los pequeños vasos
               que alimentan las praderas

el océano late en los cuatro
               ventrículos cardinales

sube la marea

               baja la marea

en un rinoceronte

II

Unit

to Ramón and Ana Maria Xirau

we are one person
               we advance in time
like the wave that arrives
               always at the same beach

the sands drink up the sea
               and the sea never ends

our blood is water
               that has forgotten its redness

from the great arteries
               of the Nile and Amazon
to the small vessels
               that nourish the prairies

the ocean beats in the four
               cardinal ventricles

the tide rises

               the tide falls

in a rhinoceros

        o en la casa vacía de un molusco
se escuchan las pulsaciones
             de la vida

somos una sola Persona
         que no va a ningún sitio
suspendido como el surtidor
       que crece fecundando el espacio
permanecemos

nuestro cuerpo tiene la forma
            del universo
disco para el sabio griego
           pecho de mujer
esfera
               río
mariposa que vuela
       nuestras almas son las células
de otro cuerpo abstracto

         somos una sola Persona
con dos rostros en una sola cara
         como la luna

uno que muere
         y otro que se libera
mudando de cuerpo
        por eso existimos

somos el cuerpo de Dios
       Dios cambia por nosotros

          or in a mollusk's empty house
one hears the pulsations
                                 of life

we're one single Person
                going nowhere
suspended like the fountain
                that rises impregnating space
we endure

our body has the form
                          of the universe
a disk for the wise greek
                          a woman's breast
a sphere
                               a river
a flying butterfly
        our souls are the cells
of another, abstract body

                we are one Person
with two faces in a single face
                like the moon

one who dies
                and the other set free
changing in body
                we live for this

we are the body of God
            God changes through us.

Mar Egeo

brillan las luces hasta el horizonte
      hay tantas constelaciones
como islas
      en el cielo los dioses construyeron
sus casas
      los hombres
excavaron en la tierra las suyas

      estos pueblos son páginas
en ellas el mundo
      se da a luz cada día
se inventa en sus mutaciones
      se escribe
sobre sus escrituras

      al querer los hombres llegar al cielo
un rayo de luz derrumbó la torre

      entre piedras florecieron las lenguas
la Atlántida se hundió
      nuevas tierras
emergieron
      hoy todavía tiembla

Santorini es el útero del mundo
      y la noche negra parto de estrellas
llega una nave encendida
      las sirenas cantan
cae un cometa

Aegean Sea

lights shine all the way to the horizon
    there are so many constellations
like islands
    in the heavens the gods built
their houses
    men
excavated theirs on earth

    these villages are pages
in them, the world
    gives birth each day
it invents itself in their mutations
    writes
over their writings

    when men wanted to reach heaven
a ray of light destroyed the tower

    languages grew among stones
Atlantis sank
    New lands
emerged
    the earth still trembles

Santorini is the world's uterus
    and the black night, the birth of stars
a ship arrives lit-up
    sirens sing
s comet falls

     larga estela
de guerras y conquistas para buscar
     la rama dorada
en esta isla
      la flauta de Orfeo celebró
la paz de los argonautas
        y Polifemo izó las velas rumbo a Sicilia
aquí también llegaron los judíos
      al abrirse los mares
la promesa era *Thira*

todos somos errantes
       nos desprendemos del cuerpo igual que
la leve mariposa de la oruga

somos transfiguraciones
      nuestro tránsito
es pasar de una vida a otra vida

     en el mar Egeo
las palabras baten
      incesantemente en el oído

hoy 15 de agosto en Santorini
      dentro de las iglesias canta el pueblo
y por las calles pasan procesiones
      se sumerge Venus en el crepúsculo
y al amanecer emerge del agua
     para inventar
en la unión de los cuerpos su secreto

    Nota: La isla de Santorini en griego se llama Thira.

              long tail
of wars and conquests—
                      to seek the golden bough
on this island
                      Orpheus's flute celebrated
the peace of the argonauts
                              and Polyphemus hoisted sails to go to Sicily
the Jews came here, too
                      when the seas opened up
The promise was Thira

we are all wanderers
                      unstitch our body just as
the light butterfly the caterpillar

we are transfigurations
                      our transit
is to pass from one life to another life

                      in the Aegean Sea
words beat
                      ceaselessly in the ear

today August 15 on Santorini
                      inside the churches people are singing
and processions pass through the streets
                      Venus sinks at twilight
and emerges from the water at dawn
                      to invent
in the union of bodies her secret.

                    Note: The island of Santorini is known as Thira in Greek.

Semilla

A Severo Sarduy y François Wahl

        enamorado de sí mismo
enamorado de sus propios ecos
            a la deriva en la noche
en un transcurrir entre espejos rotos
    un soplo
agitado y violento
        como el huracán que avanza
gravitando alrededor de su ojo

        se concentra la materia
los restos del naufragio
        se abisman en el todo

luminoso huevo de aire
        incandescente semilla de oro

el tiempo en ti
      no existe
estás sembrando en el vientre
        de un cuerpo infinito
noche fecundada por un soplo
        noche que se expande
como una mancha de tinta
        y se convulsiona
mientras tú creces
        como luna llena
huevo apenas pronunciado

Seed

For Severo Sarduy and François Wahl

        in love with himself
in love with his own echoes
        drifting at night
as he passes among broken mirrors:
        a breath
agitated and violent
        like the hurricane that advances
swirling around its eye

        matter concentrates itself
the remains of the shipwreck
        sink overwhelmed by everything

luminous egg of air
        incandescent gold seed

in you, time
        does not exist
you are sowing in the belly
        of an infinite body
night impregnated by a breath
        night that spreads
like an ink stain
        and convulses
while you grow
        like the full moon
an egg scarcely there

      hasta separarte
hasta dejar de ser
     para ser
huevo milenario
      en ti se gestan todos los ríos del tiempo
que son un solo río
      donde navegamos
como barcos ebrios
      desde el espacio donde nos toca vivir

suspendido en la nada
      eres el capullo de seda
de un inmenso gusano
      o el globo de un niño
que escapa de la mano

      huevo de aire
espora del deseo
      pompa de jabón que revienta

el rayo de la tormenta
      fulminante Z en la bóveda
-última letra creada-
      hace que estalle
la forma que te da forma

huevo de fuego
      huevo de agua

una lluvia de signos
      entre las asonancias y consonancias

            until you separate yourself
until you cease to be
            in order to be
millennial egg
            in you all the rivers of time come to term
all rivers are one river
            where we navigate
like drunken boats
            from the space where we happen to live

suspended in nothingness
            you are the silk cocoon
of an immense worm
            or a child's balloon
escaping from the hand

            egg of air
spore of desire
            bursting soap bubble

the storm's lightning
            fulminating Z in the firmament—
the last letter created—
            shatters the form
that gives you form

egg of fire
            egg of water

a rain of signs
            among the assonances and consonances

de los truenos
>	celebran la diseminación
del todo en la nada

huevo de aire
>	huevo de tierra
cántaro que se rompe
>	cántaro que derrama
la materia prima
>	y canta
capullo de las constelaciones
>	universo con alas de mariposa
diosa alfabeto
>	tu cuerpo desintegrado
busca un orden
>	las vocales de tu carne
están enamoradas
>	de las consonantes de tus huesos

diosa alfabeto
>	transfigurada en lenguaje
eres la ausencia del mundo

of thunderclaps
    celebrates the dissemination
of everything in nothingness

egg of air
    egg of earth
pitcher that breaks
    pitcher that pours
primal matter
    and sings
cocoon of the constellations
    universe with a butterfly's wings
alphabet goddess
    your scattered body
seeks order
    the vowels of your flesh
are in love
    with the consonants of your bones

alphabet goddess
    transfigured in language
you are the world's absence

Rio

A Emir Rodríguez Monegal

hay un río en el pensamiento

donde fluimos

      como las células

de un animal grande

      un río

donde se inventan imágenes

  instantáneas ristalizaciones

que crean el presente

      una tribu

despierta en la selva

entre la escritura de los árboles

River

> *to Emir Rodríguez Monegal*

There is a river in the mind

where we flow

      like the cells

of a big animal

      a river

where images are made

instantly crystallized

creating the present

      a tribe

awakens in the jungle

amid the writing of the trees

un sol en la punta de una rama

abre sus pétalos al amanecer

en el párpado del horizonte

hay una aldea en los orígenes

con un rey sentado en la plaza
          y una calle única

que se cruza sólo en la muerte

                    en San Juan Chamula

(este catorce de febrero)

el pueblo ofrece flores

                    frutos

coca-colas

      y radio de transistores

a los santos dioses

    y en el atrio de la iglesia

a sun on the tip of a branch

opens its petal as the day

breaks on the eyelid of the horizon

There's a village at the source

where a king sits in the square
              and only one street

we cross only in death

        in San Juan Chamula

(this fourteenth of February)

the people offer flowers

                              fruits

coca-colas

      and transistor radios

to the sacred gods

      and in the atrium of the church

hay quienes caminan sobre fuego

    sin quemarse las plantas

    hay una flor

que se vuelve fruto

    en el centro del día

una naranja

    en la multitud de la casbah

que sacia la sed

    de algún oyente

porque en Marraquech

        os juglares

cruzan el desierto en caravanas

there are those who walk on fire

    without burning the soles of their feet

      there's a flower

that bears fruit

      in the center of the day

an orange

    amid the multitudes of the Kasbah

that satisfies the thirst

    of some listener

because in Marrakesh

        jugglers

cross the desert in caravans

caligrafía nómada

      en la arena de la página

para contar historias

      y los flautistas

inventan la música

      que fluye en el cauce

      hay un río en donde el hombre

traduce el cuerpo

      del animal del que es parte

un río

      donde geometrías

se calcan inventando formas

      un círculo se inscribe

nomad calligraphy

    in the sand on the page

telling stories

    and flutists

invent the music

    flowing along the riverbed

    there is a river where man

translates the body

    of the animal he forms part

of a river

    where forms are traced

inventing geometries

    a circle is drawn

en los ecos de un claustro

es el sol que ilumina los cantos

Cristo que nace cada mañana
$\qquad\qquad\qquad\qquad$ para morir

en la cruz de la noche

$\qquad$ en el Monte Athos

los monjes

$\qquad$ bañan con ecos el espacio

sus voces

$\qquad$ son emanaciones lejanas

hay una fuente de agua clara

$\qquad$ donde surgen todas las formas

que arrastra la corriente

in the echoes of a cloister

it is the sun lighting the chants

Christ born each morning
                            to die

on the cross of night

      on Mount Athos

the monks

    bathe space with echoes

their voices

      distant emanations

there is a fountain of clear water

    where all forms gush forth

swept downstream

    una fuente que riega el árbol

donde maduran los días

    una memoria que se deposita

como fango en el lecho del río

    escrita con piedras

fósiles arquitecturas

    cántaros rotos

que alimentan las raíces

    desde las profundidades
en Teotihuacán

    la pirámide del sol

desnuda

    ya sin pintura roja

apunta a la cúspide del día

    en otro tiempo

a fountain that waters the tree

where days ripen

    a memory deposited

like mud in the riverbed

    written with stones

an architecture of fossils

    cracked vessels

nourishing the roots

    from the depths
in Teotihuacan

      the naked pyramid of the sun

stripped

    of its red paint

pointing to the cusp of the day

    in other times

los sacerdotes ofrecían

      a los dioses un cuerpo

desde la piedra de los sacrificios

      hoy la sangre corre todavía

trazando el *eje del universo*

      hay un animal grande

que cubre la tierra como musgo

      un animal que se piensa

desde la división de sus células

      un cuerpo que se siente solo
y que busca

      a otro para inventarse

the priests offered

      a body to the gods

from the sacrificial stone

      today the blood still runs

tracing the axis of the universe

      there is a large animal

covering the earth like moss

      an animal that envisions itself

from the division of its cells

      a body that feels alone
and seeks

      another body to become itself

dos cuerpos que se unen

    como el agua de dos corrientes

o la luz de dos velas

    derramando su vacío

entre las piernas

    del día y la noche

en París un malabarista

    sostiene dos esferas

en el aire

    en un cuarto de hotel

dos se besan

    la luna entra por la ventana

afuera

two bodies join

    like the water of two streams

or the light of two candles

    spilling emptiness

between the legs

    of day and night

in Paris a juggler

    holds two spheres

in the air

    in a hotel room

two kiss

    the moon streams in the window

outside

        los coches

corren en pavimentos nevados

      trazando una elipsis

del Obelisco

al Arco del Triunfo

        hay un río

que nos inventa juntos

        un río que escribes

desde la materia

        que ocupas al leerlo

      un río que traduce

en papel

     lo que mis sentidos perciben

        the cars

speed along snowy pavements

        tracing an ellipse

from the obelisk

to the Arc de Triomphe

        there's a river

that invents us together

        a river you write

out of the matter

        you become when you read

        a river translating

on paper

        what my senses perceive

un río

        donde comulgan nuestros ojos

en el pan de cada letra

      al llegar la noche

las semillas de la naranja

     que bebiste en la casbah

brillan en el cielo

constelaciones

        que celebran la órbita

           letras

que arden en cada palabra

      hay un río de tinta

que tu y yo engendramos

a river

        where our eyes commune

with the bread of each letter

        as night falls

the seeds of the orange

        you drank in the Kasbah

shine in the sky

                constellations

celebrating the orbit

                letters

burning in each word

        there's a river of ink

that you and I conceived

                                un río

        que fluye por las venas del poema

                bañando las galerías del sueño

        cuando tu cuerpo inmóvil

                                se deja caer

        en la gravedad de su peso

                        cuando se olvida

        fundiéndose con las sábanas

                y las sábanas con la cama

        y la cama con el suelo

                (como si el mundo estuviera hecho

                              a river

         flowing through the veins of the poem

              bathing the corridors of our dreams

    when your body

                              falls still

    in the gravity of its weight

              when it forgets

    itself twined in the sheets

                   and the sheets with the bed

    and the bed with the floor

              (as if the world were woven—

de tejidos de una piel espesa)

    surges

en otra realidad

    hecha de imágenes

        imágenes suaves

como los reflejos de la corriente

      que tejen

los arquetipos de las dormitaciones

hay un animal grande

un animal que se alimenta

    devorándose a sí mismo

como las encimas dentro del cuerpo

    devoran carbohidratos

y el tiempo al hombre

a single thick skin)

      you emerge

in another reality

      made of images

            gentle images

like the reflections of a stream

         weaving

the archetypes of sleep

     there's a large animal

an animal that feeds

     by devouring itself

as enzymes in the body

     devour carbohydrates

as time devours man

masticando su cuerpo hasta los huesos

hay un animal grande que respira

sus aspiraciones y expiraciones

duran milenios

en Nueva York un soplo inventa

la cosmografía de la bóveda

mapa cuadriculado

de donde emergen luminosos sistemas

todo gira en el fluir de la corriente

el engranaje más pequeño

impulsa al más grande

los carros de metro se deslizan

chewing up his body to the last bone

    there's a large animal breathing

whose inhalations and exhalations

        last for centuries

in New York a breeze invents

    the cosmography of heaven's vault

checkered map

      producing luminous networks

where all revolves in the flow of the stream

    the smallest web

pushes the largest

        the subway cars glide by

    como serpientes multicolores

            conectando centros

    bocas donde salen hombres como palabras

          oraciones que se derraman por todas partes

    hay un río

              un río que pasa por mi frente

    escucho el cauce de su tránsito

        me invento

        estoy sentado en el delta de la noche

    entre los brazos del Hudson

    like rainbow-hued serpents

            connecting centers

    mouths spewing forth men like words

            prayers spilling everywhere

    there's a river

             a river passing through my head

    I hear it coursing through its bed

        I invent myself

    sitting in a park

        a seagull sleeps in the delta of the night

    in the arms of the Hudson

                         Manhattan

escribo mientras leo

          un átomo de hidrógeno alimenta el pensamiento

hay galaxias

                                                 en

Manhattan

I write as I read

an atom of hydrogen feeds my thoughts

there are galaxies

in

—translated by Suzanne Jill Levine

III

Visita al Turk's Head pub

Entre la bruma iluminada
por esa luz amarilla y ácida
que se disuelve en ella como tinta en el agua,
caminas sin saber a dónde vas.
La apariencia de la realidad te sorprende,
te hace preguntarte si no eres una aparición
entre apariciones.
¿Por qué has vuelto otra vez al mundo?
¿A aprender todo lo que aprendiste?
¿A reaprender los nombres de las cosas,
el olor de la lavanda fresca que crece entre las piedras,
el eco de tus pasos en las aceras mojadas
como espejos que multiplican el silencio de la noche
y que se rompen en un grito mudo?
¿A reconocer las cosas gastadas?
¿La aldaba de bronce de la puerta que abriste mil veces?

Te detienes en el umbral del Pub antes de entrar.
Tal vez no te reconozca nadie
ni a nadie reconozcas.
Sin embargo, el murmullo incesante,
el tintineo de los vasos en los brindis,
los espejos que reproducen una y otra vez tu rostro,
que reproducen la realidad en movimiento
mientras avanzas, como si navegaras por un río,
te harán sentirte a gusto,

III

Visit to Turk's Head Pub

In the fog lit
by that yellow and acid light
that dissolves like ink in water,
you walk, not knowing your way.
Reality's appearance surprises you,
makes you ask if you are not an apparition
among apparitions.
Why have you come again into this world?
To learn all that you have learned?
To relearn the names of things,
the smell of fresh lavender growing among the stones,
the echo of your steps along the wet sidewalks
like mirrors that multiply the silence of the night
And break in a mute cry?
To recognize used-up things?
The bronze knob of the door you've opened a thousand times?

You stop in the doorway of the pub before stepping in.
Perhaps no one will recognize you
and you'll recognize no one.
Yet the incessant murmuring,
the tin-tin of glasses accompanying the toasts,
the mirrors that reproduce your face now and again,
that reproduce the reality that moves
while you move, as if navigating a river,
will make you feel pleasure,

olvidado de la muerte.

Entonces alguién se te acercará y pronunciará tu nombre,
hablará de tu vida como si hablara de otro.
Entonces te habrás vuelto a inventar.

forgotten by death.

Then someone will come close and pronounce your name,
will speak of your life as if it belonged to another.
Then you will have again invented yourself.

Hampstead Heath

Tal vez sólo haga falta
un cambio de luz
en la superficie del agua,
una mirada
que se cruza con otra mirada,
para dejar atrás,
sin saberlo,
un mundo seguro.

Estabas en la orilla del estanque
mirando los diminutos veleros
cuando Él te invitó a internarte en el bosque.
Y tú sin decir una palabra,
hierro al llamado del imán
lo seguiste hasta adentro.

Cuánto sol derramado
entra las verdes frondas,
cuánto placer mientras tus piernas
temblaban de miedo.

Hoy no recuerdas ni su nombre ni su rostro.
Tal vez lo único que el tiempo ha dejado impreso,
sea aquel olor a tabaco y agua de colonia,
que durante quince años te ha acompañado
por todas las ciudades, ya en ninguna.

Hampstead Heath

Perhaps all that's lacking
is a change of light
on the water's surface,
a glance
that meets another glance
to leave behind,
without knowing it,
a sure world.

You were on the bank of the pond
watching the small sailing ships
When He invited you to go deep into the wood.
And without saying a word,
iron after the call of the magnet,
you followed him in.

How much sun spilled
among the green branches,
how much pleasure while your legs
trembled with fear.

Today you remember neither his name nor face.
Perhaps the only trace left imprinted by time
is that smell of tobacco and eau-de-cologne,
which for 15 years has stayed with you
through all the cities, and is now in none.

Visita a Vicente Aleixandre con unas ramas de acebo

¿Recuerdas aquel invierno de 1966
en que de la mano de tu abuela
lo visitaste en la calle de Wellingtonia?
Qué familiar te pareció todo,
la caricia de sus dedos largos sobre tu nuca,
su persistente mirada amable
-que al reconocer en ti
cierto parecido con su amigo ausente,
respondía con una sonrisa afirmativa,
como aceptando el paso del tiempo-,
la luz que manaba sobre el mantel blanco,
mientras partían el pan y servían el vino
convocado a los espíritus
—Luis, Federico, Manolo—
y después de la comida la penumbra de la casa,
y el silencio de la siesta,
aquel silencio que poco a poco,
mientras tus ojos recorrían
los lomos de los libros en los estantes,
formulaban su acertijo,
aquel silencio en el que Vicente vivía sumergido,
soñaba sumergido,
como el buzo que busca en las profundidades del océano
a una sirena virgen,
aquel silencio que entonces no lograste descifrar
y del cual emergieron sus poemas,
tal vez como emergen ahora estas líneas.

Visiting Vicente Aleixandre with Bunches of Holly

Remember that winter of 1966,
hand in hand with your grandmother,
when you visited him on Wellingtonia Street?
How familiar everything seemed,
the stroke of his large fingers over the back of your neck,
his steady friendly gaze—
which, seeing in you
a certain resemblance to his absent friend,
responded with an affirming smile,
as if accepting the passage of time—
the light that poured over the white tablecloth
while they broke the bread and served the wine,
summoning the spirits—
Luis, Federico, Manolo—
and after lunch the half-light of the house
and the silence of the siesta,
that silence, which little by little,
while your eyes ran down
the spines of the books on the shelves,
formulated its riddle,
that silence in which Vicente lived submerged,
dreamed submerged,
like the diver who looks in the ocean's depths
for a virgin siren,
that silence which then you could not decipher,
from which emerged his poems,
perhaps as these lines now emerge.

>   Note: Luis, Federico and Manolo are the first names
>   of three Spanish poets: Luis Cernuda, Federico
>   Garcia Lorca and Manuel Altolaguirre.

El viaje

a Horácio Costa

        por la blanca llanura el tren avanza
la vía se alarga hasta el horizonte
ciudades   bosques   ríos
rápidas y breves apariciones
                  en la transparencia de la ventana
tantas veces pasadas y olvidadas

en un estanque helado
              patinan unos niños
imagen vista en un libro de estampas
              en el trópico duermen
muñecos de algodón
              bajo las verdes palmeras dobladas
en el viejo teatro de la memoria
              la infancia se dilata
gran instante sin horas
              sin Itaca
como la onda al caer la piedra en el agua
              el tren ligero avanza
cruza un puente
              vértigo en el abismo

un muchacho se mira en la ventana
              el cristal impide tocar al otro
sólo en el sueño la caricia encarna
              el aliento empaña la doble imagen:
el rostro, el paisaje en movimiento

Journey

    for Horácio Costa

    the train advances through the white plain
the track lengthens toward the horizon
cities   forests   rivers
rapid and brief apparitions
                in the window's transparency
passed by and forgotten so many times

on a frozen pond
                some children skate
their image seen in a book of stamps
                in the tropics
cotton dolls are sleeping
                under folded green palms
in the old theater of memory
                infancy stretches out
one great instant without hours
                without Ithaca
like the wave when a stone falls into water
                the swift train advances
crosses a bridge
                vertigo over the abyss

a boy looks at himself in the window
                the glass stops him from touching the other
the caress embodies only in dreams
                his breath mists the double image:
the face, the moving landscape

                    la adolescencia es un fuerte de arena
al descubrir los placeres secretos

el libro de la vida es más difícil
                    que la *Isla del tesoro*
la realidad como el espejo roto
                    se fragmenta
¿qué es más real el cuerpo o el reflejo?

                    nace la incertidumbre

el viaje se acelera
                    caemos dentro de nosotros mismos
como el agua del salto sobre el agua
                    sin que termine de llegar jamás
al diáfano remanso
                    el miedo paraliza el movimiento
una llama se enciende
un pájaro se posa en una rama—
            -revelación pura del equilibrio—

sólo la soledad nos hace saber
                que nuestro cuerpo es parte de otro cuerpo
eternamente vivo

                en las vastas terrazas de la tarde
el cielo azul despeja claridades

                en mi casa susurra el silencio
instante de quietud

      adolescence is a sand fort
when secret pleasures are discovered

the book of life is more difficult
      than *Treasure Island*
reality like a broken mirror
      breaks apart
what is more real, the body or its reflection?

      uncertainty is born

the journey accelerates
      we fall within ourselves
like the water in a waterfall
      that never stops arriving
at the diaphanous pool
      fear paralyzes movement
a flame catches fire
a bird perches on a branch—
      pure revelation of equilibrium—

only solitude makes us know
      that our body is part of another body
eternally alive

      in the vast terraces of the afternoon
the blue grows clearer

      silence whispers in my house
instant of calm

                      afuera más pájaros
en taza de intimidad
                      el té del crepúsculo

el tren sobre las vías del lenguaje
                      se desliza corriendo
todo está ya escrito
                      el azar teje encuentros
como las ciudades calles
                      que desembocan en la misma plaza

la pupila del otro nos inventa
                      el verbo querer en el primer beso
doble surtidor en la fuente canta
                      altas exclamaciones
el mundo se abre como un mantel blanco
                      el diálogo y la cena
que enamora y recrea
                      pan y vino
nuestros cuerpos imantados metales
                      giran iluminados
remolino de deseo
                      bajo la sombra de los árboles
las yemas de tus dedos
                      son llamas en este bosque de signos

somos el libro abierto
                      en las claras estancias de la vida

ayer me preguntaste
                      ¿siempre estaremos juntos?

                        more birds outside
in a cup of intimacy
                        tea of twilight

train on the tracks of language
                        glides away running
everything is already written
                        chance weaves encounters
the way cities weave the streets
                        that spill upon the same square

another's eye invents us
                        the verb *to love* in the first kiss
the double spout of the fountain sings
                        high exclamations
the world opens like a white tablecloth
                        dialog and supper
that enchant and entertain
                        bread and wine
our bodies metals magnetized
                        spin illuminated
a whirlwind of desire
                        under the shade of trees
the tips of your fingers
                        are flames in this forest of signs

we are an open book
                        in the clear rooms of life

yesterday you asked me
                        will we always be together?

el tren sigue su marcha
      entra en la ciudad: Harlem

casas abandonadas
      basura en los baldíos
por las ventanas de un edificio
       lenguas de fuego devoran el mundo
cuatro negros tocan jazz
      en torno de una hoguera

-el tiempo construye y borra ciudades—

     la música perdura
el tren se hunde en un túnel

      incierto es el futuro

en la superfificie altos rascacielos
      ¿quiere llegar al cielo el hombre?

el tren para: Grand Central Station

     el presente es todo lo que queda

mañana la vida seguirá avanzando
     otra vez por las blancas llanuras
hoy estamos juntos

the train continues on its way
                      enters the city: Harlem

abandoned houses
                      trash in the vacant lots
through the windows of a building
                      tongues of fire devour the world
four black men play jazz
                      around a bonfire—

time builds and erases cities—

                      music endures

the train plunges into a tunnel
                      the future is uncertain

skyscrapers on the surface above
                      does man wants to reach the sky?

the train stops: Grand Central Station

                      the present is all that remains

tomorrow life will continue its advance
                      again through the white plains
today we are together

La piedra en el fondo

Mientras la respiración de mi padre
poco a poco se apaga,
retiradas las sondas, las agujas
y la mascarilla del oxígeno,
entre sístole y diástole,
en el escenario de la memoria,
una tras otra, transparencias vividas.
El viaje al colegio a las ocho de la mañana
con sus adivinanzas
sobre el río Amarillo,
los jardines de Mesopotamia,
la muralla china y la manzana de Newton,
y más tarde, a la hora del recreo
a la sombra fresca de altos fresnos,
en conversaciones con otros niños,
la imagen de mi padre trasmutada
en el héroe de un cuento de hazañas,
y ya de vuelta a casa
reunida la familia,
mi padre cuenta los mil y un inventos
de su laboratorio,
esencias de rosa, almizcle y lavanda,
y las aventuras de su madre niña,
con los trenes de la revolución
de Campeche a México,
las peleas de gallos
que tanto le gustaban a su padre,
los paseos por montes y riberas,
la imagen olvidada de su abuelo

The Stone in the Depths

As my father's breathing
fades away slowly,
probes, needles, oxygen mask,
between systole and diastole,
on the stage of memory,
one after the other,
lived transparencies.
The trip to school at eight in the morning
with its riddles
about the Yellow River,
the gardens of Mesopotamia,
the Chinese wall and Newton's apple,
and later, at recess, in the cool shade
of tall ash trees, speaking with other children,
the image of my father transformed
into the hero of an adventure tale,
and on the way home
the family reunited,
my father recounts
the thousand and one
inventions of his laboratory,
essences of rose, musk and lavender,
and the adventures of his child mother,
with trains of the revolution
from Campeche to Mexico,
cockfights
her father loved so much,
walks through mountains and along riverbanks,
the forgotten image of his grandfather

que pintaba abanicos en Valencia,
su breve infancia en un jardín inmenso,
historias de emigrantes de hace casi un siglo
que dejaron atrás
la torre gótica, el olivar y el ganado
y que jamás volvieron.

Y al terminar el día
contemplo cómo se arreglan mis padres
para ir a una fiesta,
y tras el beso de las buenas noches,
absorto en la película
de la televisión en blanco y negro,
imagino que así es la vida,
y que mis padres bailan
en una terraza iluminada por la luna,
un vals de Agustín Lara,
y que mi padre es el galán de la pantalla,
el corsario de una batalla naval,
Tarzán en la selva del Amazonas,
y que algún día yo también seré grande
y oleré en el cuello de una muchacha
aromas de violetas,
y encarnaré mi sino como me lo explicaron.

Mientras la respiración de mi padre
poco a poco se apaga,
y su pulso es cada vez más lento,
entre sístole y diástole,
el tiempo se dilata,
como los círculos concéntricos que se forman

who painted fans in Valencia,
his brief childhood in an immense garden,
stories of emigrants from almost a century ago
who left behind
gothic tower, olive grove and cattle
and who never returned.

At the end of the day
I muse about how my parents
get ready to go to a party,
and after the good night kiss,
engrossed in the movie
on black-and-white television,
I imagine that this is life,
and that my parents dance
on a moonlit terrace,
to a waltz by Agustín Lara,
and my father is the screen's leading man,
the pirate of a naval battle,
Tarzan in the Amazon jungle,
and that someday I too will be
an adult and smell violets
on the neck of a girl
and embody my fate as it was explained to me.

While my father's breath
fades away slowly,
his pulse slower and slower,
between systole and diastole,
time dilates,
like concentric circles formed

al lanzar una piedra en el espejo del agua.
Cada instante es una hora,
y cada hora una vida.
Breve el tiempo que pasa.
Aquellos días llenos de sol en el campo,
los muros oxidados de la casa,
el establo, el corral,
el embalse del abrevadero
con sus nubes reflejadas en tránsito,
en donde un día me enseñó mi padre
a medir las honduras de las aguas,
por el tiempo que tarda
la piedra lanzada en llegar al fondo.
Y la mujer que desgrana mazorcas
como si desgranara las semillas del tiempo.
¿En qué aguas caemos
cuando nos vamos si no existe el tiempo?
¿Cuál es la profundidad del cielo?
¿Dónde germinan las horas vividas?
Y ya recogidos al caer la tarde,
en un cuarto apenas iluminado,
entre vapores sonoros de planchas ardientes
sobre sábanas blancas,
mi padre me dijo
que en el cuarto de junto
había muerto el suyo:
primera imagen del tiempo finito,
piedra que cae,
medida inmensa que desconocemos,
el perfil afilado de su cara,
la sábana blanca que amortajó a su padre,

when a stone is thrown into
the mirror of water. Each instant
is an hour, and every hour a life.
Brief time that passes.
Those sun-filled days in the country,
rusty walls of the house,
stable, corral,
reservoir of the trough
with its clouds reflected in transit,
where one day my father taught me
to measure the depths of the waters,
by the time it takes
for the thrown stone to reach the bottom.
And the woman who shells ears of corn
as if shelling seeds of time.
In what waters do we fall
when we leave if there is no time?
What is the depth of the sky?
Where do the lived hours germinate?
And already collected at dusk,
in a dimly lit room
amidst sonorous vapors of burning plates
on white sheets,
my father told me
that in the next room
his father had died:
first image of finite time,
falling stone,
immense measure that we do not know,
the sharp profile of his face,
white sheet that shrouded his father,

la mirada secreta de las dos planchadoras,
la mano y el reloj que toman el pulso.
Mi padre se incorpora
y pregunta ¿qué hora es?,
y sin escuchar dice: mañana a la misma hora.
Su cuerpo temblando de frío empieza
a parir otro cuerpo,
mariposa invisible de alas blancas,
que espera la hora exacta
de desprenderse en nupcias con la nada.

Mientras la respiración de mi padre se apaga,
una angustia renace,
piedra de filosas aristas en la garaganta.
Aquellas comidas en mis años mozos,
en donde solo se oía
el roce de los cubiertos en la porcelana,
las miradas esquivas
que escondían el rubor que produce
la pasión de la carne,
y mis juegos secretos en la alcoba,
mientras la luz hiriente, entrando por la ventana,
iluminaba las nubes del jarro,
los platos vacíos y las migajas,
porque en mis lascivos sueños despierto
se me había revelado mi singular deseo.
Ya no sería la imagen del héroe
que bailara con una muchacha en la pantalla,
ni el hacedor de industrias,
ni el hombre discreto que la sociedad aplaude,
ni la presa de virginidades al acecho,

secret glance of the two ironers,
hand and watch that take the pulse.
My father sits up
and asks what time is it?
and without listening he says: tomorrow at the same time.
His body, shivering with cold, begins
to give birth to another body,
invisible butterfly with white wings,
waiting for the exact time
to let herself go in marriage with nothingness.

While my father's breath is extinguished,
anguish is reborn,
a sharp-edged stone in the throat.
Those meals in my younger years,
where you could only hear
scraping of cutlery on porcelain,
elusive glances
that hid the blush that produces
the passion of flesh,
and my secret games in the bedroom,
while the hurtful light, coming through
the window, illuminated the clouds of
the jug, empty plates and crumbs,
for in my lascivious daydreams
my singular desire had been revealed.
No longer would I be the image of
the hero dancing with a girl on the screen,
nor the maker of factories,
nor the discreet man society applauds,
nor prey to virginities on the prowl,

ni el padre que perpetuara la especie.
Y más tarde disputas,
la libertad no hace felices a los hombres,
dice mi madre, *los hace sólo hombres.*
Mi padre calla:
frágil armadura la indiferencia.

Mi padre vive en el ideograma de su mundo,
edifica otros sueños,
sin pensar en la finitud del tiempo,
en la piedra y su caída,
en la alcoba en penumbra.
Mañana, mañana, siempre mañana
y la casa crece,
mientras a mi madre le salen canas,
y mi hermana descubre en el espejo
sus incipientes pechos,
y mi abuela se vuelve otra vez niña.
Mañana, mañana, siempre mañana.

Mientras la respiración de mi padre
poco a poco se apaga,
quiero decirle
que lo único que quise
fue vivir la verdad de mi amor verdadero,
pero ya no oye nada,
ya no dice nada,
el silencio se ha ido apoderando de su cuerpo,
del cuerpo de mi madre,
del círculo formado alrededor de su cama,
del cuarto en penumbra,

nor father who perpetuates the species.
And later the disputes,
freedom does not make men happy,
says my mother, it makes them only men.
My father is silent:
fragile armor his indifference.

My father lives in the ideogram of his world,
builds other dreams,
without thinking of the finiteness of time,
in the stone and its fall,
in the darkened alcove.
Tomorrow, tomorrow, always tomorrow
and the house grows,
while my mother grows gray hair,
and my sister discovers
her budding breasts in the mirror,
and my grandmother becomes a child again.
Tomorrow, tomorrow, always tomorrow.

While my father's breathing
fades away slowly,
I want to tell him
that all I ever wanted
was to live the truth of my true love,
but he no longer hears anything,
no longer says anything,
silence has taken over his body,
my mother's body,
the circle formed around his bed,
the darkened room,

del claro espejo de agua
en donde sigue cayendo la piedra
en la frágil gravedad del instante.
Mientras la respiración de mi padre se apaga,
la transparencia de la ventana me recuerda
que afuera existe el mundo.
Contemplo la ciudad iluminada,
los coches que circulan,
al adolescente que en una esquina
se encuentra con su amada,
al ciclista que pasa,
al atleta que corre sobre el prado.
Absorto en la fragilidad del tiempo,
contemplo el mundo,
otra vez la ventana,
la familia reunida,
y pienso que mi padre ya no habla,
ya no ve, ya no escucha,
que sus sentidos muertos
empiezan a percibir el teatro del mundo
a través de nosotros,
que la única memoria de su vida
son los fragmentos de nuestra memoria:
inmerso rompecabezas del que faltan piezas.
¿En qué pensará mientras se abandona?
¿En la piel de mi madre?
¿En los noticiarios de la segunda guerra?
¿En la primera comunión y los mandamientos?
¿En los tumores que se propagan por el cuerpo?
Mi padre, entre balbuceos,
dice que tiene una piedra en el cuello,

the clear mirror of water
where the stone continues to fall
in the fragile gravity of the instant.
While my father's breathing dies away,
the transparency of the window reminds me
that outside the world exists.
I contemplate the illuminated city,
the cars that circulate,
the teenager who meets
his beloved on the corner,
the cyclist passing by,
the athlete running in the meadow.
Absorbed in the fragility of time,
I contemplate the world,
the window again,
the family reunited,
and I think that my father no longer speaks,
no longer sees, no longer hears,
that his dead senses
begin to perceive the theater of the world
through us,
that the only memory of his life
are the fragments of our memory:
immersed puzzle from which pieces are missing.
What will he think of as he abandons himself?
In my mother's skin?
The newsreels of the second war?
Of the first communion and the commandments?
Of tumors that spread through the body?
My father, between stammerings,
says he has a stone in his neck,

que la piedra no cae
que él caerá con ella.
¿Hacia dónde? ¿en qué lugar?

Mientras se le apaga la respiración a mi padre,
parece que empezará a olvidar todo:
las quimioterapias y los verdugos,
las salas de espera y los quirófanos,
el retrato de su abuela y las piernas jóvenes
de las muchachas,
la piedra de Oaxaca y el canto del canario,
la sonaja roja y el primer llanto.

O tal vez, en su olvido
-último sueño que el tiempo devora-,
viaje por un camino
a buscar a su padre.
Pero el camino ya es otro camino,
y la casa otra casa.
Su vida ahora cabe en un instante.
Conciliadas están todas las partes.
Un sol único arde en su conciencia,
helado incendio que el mundo consume.
En el espejo de agua
se dibuja la última onda.
La piedra, en su caída,
llegó al fondo.

that the stone will not fall,
that he will fall with it.
Where to? Where?

As my father's breath goes out,
it seems that he will begin to forget everything:
chemotherapies and executioners,
waiting rooms and operating rooms,
portrait of his grandmother and the young legs
of the girls
the stone of Oaxaca and the song of the canary,
the red rattle and the first cry.

Or perhaps, in his oblivion
-the last dream that time devours-,
he travels along a road
to look for his father.
But the road is already another road,
and the house another house.
His life now fits in an instant.
All parts are reconciled.
A single sun burns in his conscience,
icy fire that consumes the world.
In the mirror of water
the last wave is drawn.
The stone, in its fall,
reached the bottom.

Origami para un dia de lluvia

Origami For A Rainy Day

Origami para un dia de lluvia

a Horacio

The Child is father of the Man…
                              —William Wordsworth

Will you turn a deaf ear
To what they said on the shore…
                              —W.H. Auden

Times out of mind, the bubble-gleam
To our charred level drew
April back. A sudden beam…
—Keep talking while I change into
The pattern of a stream
Bordered with rushes white on blue.
                              —James Merrill

Al caer la tarde, absorto
Tras el cristal, el niño mira
Llover.
                              —Luis Cernuda

Esta lluvia que bate los cristales
es la misma de ayer.
Oyes caer las gotas incesantes
como un tamborileo
que remedara el paso
del día en fuga.

Origami For A Rainy Day

> *for Horacio*
>
> *The Child is Father of the Man...*
> —William Wordsworth
>
> *Will you turn a deaf ear*
> *To what they said on the shore...*
> —W.H. Auden
>
> *Times out of mind, the bubble-gleam*
> *To our charred level drew*
> *April back. A sudden beam...*
> *—Keep talking while I change into*
> *The pattern of a stream*
> *Bordered with rushes white on blue.*
> —James Merrill
>
> *Al caer la tarde, absorto*
> *Tras el cristal, el niño mira*
> *Llover.*
> —Luis Cernuda

This rain that beats the windows
is the same as yesterday's.
You hear the incessant drops falling
like a drumming
that imitates the passing
of the day in flight.

Un charco transparente en el jardín,
un trémulo reflejo,
te vuelven al lugar
en donde el agua ya no moja,
a la casa vacía
comida por el tiempo
que la memoria salva.
Absorto tras el cristal ves llover.
A la luz tenue del farol contrasta
la lluvia blanca con el aire oscuro.

De pronto cesa el tiempo.
Eres el de antes y eres otro:
el visitante imperceptible
que llega desde el ahora,
al cuarto de antaño, donde te encuentras
a Luis Cernuda. Camisa azul, tweed,
paraguas en el brazo,
te contempla en la fuerza
tierna de tus siete años,
adivinando la perla que el tiempo
habría de formar en tu sombra.

Aquellas tardes de lluvia, idénticas,
en horas breves de un verano inmenso,
él te contaba historias
que te suspendían, hipnotizado:
la del viejo Noé,
mientras plegaba un papel
para hacer una barca;
la de Pegaso, al adherir las alas

A transparent pool in the garden,
a tremulous reflection,
return you to the place
where water no longer wets you,
to the empty house
eaten by time
saved by memory.
Engrossed before the window you see it rain.
By the scant light of the lamp
the white rain contrasts with the dark air.

Suddenly time ceases.
You are as before and another:
the imperceptible visitor
who arrives from now
at the room in the past where you meet
Luis Cernuda. Blue shirt, tweeds,
an umbrella under his arm,
he gazes at you in the tender
strength of your seven years,
guessing at the pearl that time
would have formed in your shadow.

On those rainy afternoons identical to these
in the brief hours of an immense summer
he would tell you stories
that held you in suspense, hypnotized:
of the old Noah,
while he folded paper
to make a boat;
of Pegasus, while attaching the blue

azules de una libélula muerta
al lomo de un caballito de plástico.
Y al despertar del sueño te mostraba,
en fotos de revistas,
ciudades y puertos desconocidos.
¿Cuando cruzarías los puentes
de Manhattan y San Francisco?

Como Dostoievski, quién creó al niño
siervo de hermosura insolente,
él inventó al suyo, en la doble
estancia de la poesía y la vida.
Y al verte bailar entre los arbustos,
coronado de violetas, corría
hacia ti desde la casa, con pánico
como para impedir con un gesto
aquello mismo que había vivido.
Tal vez, en una habitación oscura
una remota tarde
de lluvia de mil novecientos diez,
se probaba en secreto
los vestidos de sus hermanas,
mientras ellas tocaban
el piano a cuatro manos.
Tardes en fuga de un verano breve,
en que el poeta y el niño
pasan las horas distraídos. Leen,
conversan, juegan a plegar papeles,
a inventar una fauna de origamis,
el cocodrilo verde,
la jirafa naranja

wings of a dead dragonfly
to the back of a plastic horse.
And upon waking from sleep he showed you
unknown cities and ports
in magazine photos.
When would you cross the bridges
of Manhattan and San Francisco?

Like Dostoevsky, who created the child
as a serf of insolent beauty,
he invented his own child in the double
stanza of poetry and life.
And when he saw you, crowned with violets,
dancing among the trees, he ran
towards you from the house in panic,
as if to stop with a gesture
the very thing he had lived.
Perhaps, in a dark room
a faraway rainy
afternoon in 1910,
he had secretly tried on
his sisters' dresses
while they were playing
four-hands piano.
Afternoons in flight of a brief summer,
when poet and child
pass distractedly the hours. They read,
talk, play at folding paper,
to invent an origami fauna,
the green crocodile,
the orange giraffe

y azules el caballo y la hembra
del pavo real para el arca
que navega en el charco.

Esta lluvia que bate los cristales
es la misma de ayer.
Oyes caer las gotas,
sobre aquel mundo ausente.
Unos cuantos libros sobre la mesa,
el papel blanco, la luz de la lámpara,
la puerta. Tienes treinta y seis años.
Escribes como si alguien te dictara.
El murmullo constante
de la lluvia te lleva a otro sitio.
Habitaciones siempre a la deriva,
en las que oyes caer
las gotas de agua sobre los tejados.
Instantes plenos que pasan llenando
de zozobra el vacío.
El poeta partió hace muchos años.
El tiempo sin memoria ni deseo
naufragó como los juguetes rotos.
Desconcertado buscas en la nada
una respuesta a tu diferencia.
Sueñas con peces en una alberca
de sombras, nadas en la superficie
negra del cielo que se deja ver
por el rectángulo de la ventana.

Buscas una imagen, una palabra,
una señal en la calle desierta

and the blue horse and peahen
for the ark
that sails across a puddle.

This rain that beats the windows
is the same as yesterday's.
You hear the drops falling
on that absent world.
A few books on the table,
white paper, lamp light,
the door. You are thirty-six years old
You write as if someone were dictating to you.
The constant murmuring
of the rain carries you to another place.
To rooms adrift,
in which you hear the drops
of water falling on roofs.
Full-laden instants that pass filling
the emptiness with anxiety.
The poet left many years ago.
Time, with neither memory nor desire,
was shipwrecked like a broken toy.
Upset, you search the nothingness
for an answer to your difference.
You dream of fish in a pool
of shadows, swim on the black
surface of the sky that allows itself to be seen
through the rectangle of the window.

You search for an image, a word,
a sign in the deserted street

donde todas las puertas
están cerradas.
Buscas una imagen donde puedas
reconocerte
y la hallas en los versos de Cernuda,
a quien habías olvidado.
Allí, junto a la cifra
de tu deseo, en verbo encarnada
descubres también, entre los dos poemas
que dieron una imagen
del niño que fuiste,
las violetas usadas
para adornar un día tu cabello.
Y al terminar la lluvia,
cuando el sol canta con sus plumas
encendidas de gallo,
recobras el jardín,
la lluvia, la ventana,
los animales
y el barco de papel plegado
en el charco de la mañana.

Tras el insomnio vagas,
solo, por los pasillos del colegio.
Buscas en los rostros de tus amigos
una mirada cómplice.
Vagas por calles y parques. La trama
de la ciudad te parece ilegible.
Quien habla a solas,
te dices, hablará con Dios un día.
Tiene diecisiete años.

where all the doors
are closed.
You search for an image in which you can
recognize yourself
and find it in the verses of Cernuda,
whom you had forgotten.
There, next to the cipher
of your desire, the incarnated verb,
you also discover, between the two poems
that gave an image
of the child you were,
the violets you used
to adorn your hair one day.
And when the rain stops,
when the sun sings with its fiery
cock feathers,
you recover the garden,
the rain, the window,
the animals
and the folded paper boat
in the morning's puddle.

After insomnia you wander,
alone, down hallways of your school.
You search the faces of your friends
for an accomplice's glance.
You wander through streets and parks. The weave
of the city seems unreadable to you.
The one who talks to himself, you say,
will speak with God one day.
You are seventeen.

En la búsqueda de un instante pleno
inventas en tus monólogos fábulas
de amor en alcoba íntima:
santuario donde ofician
su rito el fuego y sus devoraciones.
Pero el deseo persistente exige
que el cuerpo por ti imaginado
exista en este mundo.
Entonces, con el vértigo
de quien se asoma al despeñadero,
caes en el espejo
cóncavo de la culpa;
caes en el silencio, hecho pedazos,
caes en la infancia sobre los juguetes
rotos y recuperas
el instante en que tu perro agoniza;
caes en tu sueño y te despiertas
para recoger tus alas y huesos,
caes en el fondo de tu ser y encuentras
tu raíz de hombre libre;
caes como Altazor en el lenguaje,
caes como la lluvia que cae
y no te moja.

Tardes de una breve estación
en la que caminas bajo un paraguas
entre la lluvia y los ecos
de tus lecturas:
el corsario que goza
en tibios arrecifes;
las estancias de Gide

Searching for the full moment,
you invent in your monologues
fables of love in an intimate bedroom:
a sanctuary where fire
and its devourings celebrate their rites.
But persistent desire demands
that the body you imagined
exists in this world.
Then, with the vertigo
of someone at the edge of a precipice,
you fall into the concave
mirror of guilt;
you fall into silence, broken into pieces,
in childhood over broken
toys and you recover
the moment when your dog dies;
you fall in your dream and you wake
to gather your wings and bones,
you fall into the depths of your being and find
your roots as a free man;
you fall like Altazor into language,
you fall like the rain that falls
and does not wet you.

Afternoons of a brief season
when you walk under an umbrella
between rain and echoes
of your readings:
the corsair who takes pleasure
in warm reefs:
Gide's sojourns

en Túnez y Marruecos
o los poemas de Verlaine
y de Rimbaud,
orgías de la carne y de las palabras.
Tardes en las que esperas
pacientemente en un bar
o en una esquina,
a los marineros que en altamar
poseyeron a Alvaro de Campos
en unos versos de la *Oda Marítima,*
o al árabe de piel azafranada
para que huelgue contigo en la fiesta
del cuerpo en pleno oasis,
mientras naufraga el instante y el barco
de papel flota sobre el charco.

Tardes de lluvia en las que buscas,
por plazas y avenidas,
el cuerpo deseado,
sin poder encontrarlo,
como busca la Rosa de Sarón
al gamo que se esconde entre los lirios
encendidos del valle.
Buscas un ser total
que sea para ti
cifra cerrada, pero duermes
con sólo dorsos que se funden
al sentir el incendio de tus manos
y se consolidan en bronce
cuando el placer termina.
Duermes con sólo ojos negros y verdes

in Tunis and Morocco
or the poems of Verlaine
and Rimbaud,
orgies of flesh and words.
Afternoons when you wait
patiently in a bar
or on a corner
for the sailors who on the high seas
possessed Alvaro de Campos
in some lines of the Maritime Ode,
or for the saffron-skinned Arab
so that he might idle with you in the feast
of the body in the middle of an oasis,
while the instant becomes a shipwreck
and the paper boat floats on the puddle.

Rainy afternoons you search
for the desired body
through plazas and avenues,
unable to find it,
the way the Rose of Sharon
searches for the hart hiding among the burning
lilies of the valley.
You search for a complete being
who would be for you
an unknown cipher, but you sleep
with only backs that melt
when they feel the fire of your hands
and then harden in bronze
when the pleasure ends.
You sleep with only black and green eyes

en los que sacias tu sed de desierto,
con sólo debutantes
sin experiencia que cedieron
ante la tentación del primer beso,
hasta aburrirte de tantos encuentros.

Desfilan por tu frente esos fragmentos
desprendidos de sus cuerpos, y tú
juntas, como quien se entretiene
en unir las alas de una libélula
al lomo de un caballito de plástico,
el cuello fino
con el dorso de fuertes hombros,
las piernas blancas y delgadas
con las sólidas caderas morenas
y los ojos verdes con las cejas largas
en el anguloso rostro,
hasta lograr la imagen
en torno a la que gira
tu juego solitario.
Tienes diecinueve años.
La noche que clarea
se derrama en estrellas.

Esta lluvia que bate los cristales
es la misma de ayer.
Escuchas el golpeteo constante
de sus gotas, atento a la manera
en que el agua del charco
se riza, se arruga, desborda
por las superficies mojadas. Piensas

in which you slake your desert thirst,
with only debutantes
without experience who give in
to the temptation of the first kiss
until you become bored with so many encounters.

The scattered fragments of these bodies
parade across your forehead , and you
put them together, like someone who amuses himself
by tying the wings of a dragonfly
to the back of a plastic horse,
the fine neck
on strong shoulders,
the thin white legs
onto solid brown hips
and green eyes under large eyebrows
in an angular face
until you achieve the image
around which your
solitary game revolves.
You are nineteen.
The clearing night
spills into stars.

This rain that beats the windows
is the same as yesterday's.
You listen to the constant
beating of drops, attentive to how
the water in a puddle
ripples, wrinkles, spills
over the wet surfaces. You think

que el presente en que escribes estas líneas
se abre así a una lluvia
de instantes olvidados
que han hecho de tu ser
lo que es ahora.
Te alegras de estar vivo
entre tantas ausencias aún presentes,
que dejaron el mundo
en una primavera helada.
En una iglesia cercana repican
las campanas, su tañido te lleva
entre la niebla espesa, a otro cuarto,
donde yaces dichoso y desnudo,
junto a un cuerpo dormido.
La víspera, al dar con la imagen
del amor a la salida de un cine,
sentiste, por imaginarla efímera,
la misma angustia,
que ante todos los cuerpos
que al poseerte y poseídos,
se hicieron invisibles.
Hoy quieres pensar que ese instante fue pleno
y que habrá de perdurar siempre,
como los cuerpos
enlazados de una ánfora antigua.
Porque, tú y él, ya habían dado el salto
que esquiva la muerte.
Volvió a llover. Tu cuerpo de agua
se fundió con el agua de su cuerpo.
En el jardín,
veías en las hojas del bambú

the present, in which you write these lines,
opens this way to a rain
of forgotten instants
that have made your being
what it is today.
You are happy to be alive
among so many absences still present,
who left the world
frozen in spring.
In a nearby church the bells
are tolling, their ringing carries you
in a thick fog to another room
where joyful and naked you lie
next to a sleeping body.
Last evening, finding love's
image at the exit of a movie house,
you felt, imagining it to be ephemeral,
the same anguish,
that all bodies possessing you
or possessed by you
have become invisible.
Today you wish to think that moment was full,
and will last forever,
like the intertwined
bodies on an ancient amphora.
Because you and he had already made
the leap that avoids death.
It began to rain again. Your body of water
melted in the water of his body.
In the garden,
you saw the bamboo leaves

bajo la lluvia,
un presagio de futuras espadas
en torneo de esgrima.

Tardes de una estación
en las que descubres,
cuando ya nada esperas,
que baten de pronto, las alas
del amor, como gotas
de lluvia en tu casa sosegada,
en tu casa que ya no es más tu casa.
Tardes en que dos cuerpos
sueñan con una ermita,
un jardín diminuto
y una carpa dorada
en una pecera de porcelana;
escriben caligramas;
hojean un libro de estampas eróticas;
se deleitan con Lady Murasaki
y *Las mil noches y una,*
y vagan por un bosque
que florece en palabras.
Pero el mundo sigue allí, con sus preceptos
y obligaciones necias
y mañana el secreto divulgado
podría hacer que el deseo más puro
creciera amenazado
por torres de espanto.
Tardes de lluvia en que los amantes
sueñan en huir a nuevas geografías,
a mares que dormitan

in the rain,
a premonition of future swords
in a fencing match.

Afternoons of a season
in which you discover,
when already you expect nothing,
that suddenly love's wings
beat like drops
of rain on your quiet house,
on your house that is no longer your house.
Afternoons when two bodies
dream of a hermitage,
a tiny garden
and a golden carp
in a porcelain bowl;
they write *calligrammes*;
they leaf through a book of erotic stamps,
they delight in Lady Murasaki
and the *Thousand and One Nights*,
and wander through a wood
that flowers in words.
But the world continues there, with its foolish
precepts and obligations,
and the secret revealed tomorrow
might make the purest desire
feel threatened
by towers of horror.
Rainy afternoons when the lovers
dream of fleeing to new geographies,
to seas that doze

arrullados por la brisa, a puertos
que prometen alas para el amor,
a sitios que aún no nacen.

Esta lluvia que bate los cristales
es la misma de ayer.
En estos versos,
estancia tras estancia,
van surgiendo experiencias
vividas en estancias
habitadas por ti.
Despiertas en el hotel de aquel puerto
que alguna vez Cernuda te mostró
entre las páginas de una revista.
Desde la habitación iluminada
vislumbras a lo lejos
el Golden Gate.
El día de ayer,
el ser amado
te dijo, en agitada discusión,
que su deseo de poseer
además de tu cuerpo,
otros cuerpos que esperan
la prometida Rosa de Sarón;
que sólo de ese modo,
él podría alcanzar la disolución;
que miraras los miles de personas
que exigían en Londres, Nueva York,
París y San Francisco,
la supresión de yugos;
que te atrevieras a cruzar el puente

lulled by the breeze, to ports
that promise wings for lovemaking,
to places that have not yet been born.

This rain that beats the windows
is the same as yesterday's.
In these lines,
stanza after stanza,
experiences that were lived
in rooms inhabited
by you keep arising.
You wake up in that port hotel
Cernuda once showed you
in the pages of a magazine.
From the lit room
you glimpse the Golden Gate
in the distance.
Yesterday,
your beloved
told you, in a heated argument,
that his desire needed to possess,
besides your body,
other bodies that await
the promised Rose of Sharon;
that only in this way
could he attain dissolution;
that you should look at the thousands of persons
who demand to throw off their yokes
in London, New York,
Paris and San Francisco;
that you might dare to cross the bridge

visto desde una orilla, que termina
en el anhelado punto infinito.

Días de una estación en el infierno
que vuelven a ti con el golpeteo
pertinaz de la lluvia,
en otra ciudad más de tus ciudades.
Días de breves islas
de dicha, que una y otra vez
barren mareas agitadas.
Días que alargan las querellas
de dos amantes, y en que tú, impaciente,
minuto tras minuto,
horas interminables,
esperas lo que ya no esperas:
el minuto en que regresa tu amigo
a casa del paseo al que no fuiste.
Noches llenas de angustia
en que despiertas
buscando el cuerpo amado
en la cama vacía.
Largas noches de insomnio en que caminas
de un lado a otro de la habitación
preguntándote ¿con quién estará?
Porque lo has visto junto a otros cuerpos;
porque ya te topaste
con él cuando se despedía
del joven rubio que Whitman cantó;
porque lo viste junto a un cuerpo de ébano
entre el vapor de un baño turco;
porque lo viste en la oscura trastienda

seen from the shore, that ends
in the infinite point you long for.

Days of a season in hell
that return to you with the persistent
beating of the rain,
in one more city among your cities.
Days of brief islands
of joy swept from time to time
by rough tides.
Days lengthened by the quarrels
of two lovers, in which, you, impatient,
minute after minute,
through interminable hours,
wait for what you no longer await:
the minute when your friend returns
after the stroll you did not take.
Nights filled with anguish
when you wake up
searching for the beloved body
in the empty bed.
Long insomniac nights when you pace
from one side of the room to the other
asking yourself: Who is he with?
Because you have seen him beside other bodies;
because you bumped into him already
when he was saying good-bye
to the young blond whom Whitman praised;
because you saw him beside an ebony body
in the steam of a Turkish bath;
because you saw him in the dark back room

de un bar de San Francisco
con las piernas abiertas
mientras un rock pesado
fustigaba tu espalda.
Y porque él nunca te ha mentido.

Días de una estación en el infierno
en los que esperas,
hora tras hora,
al compañero infiel,
y cuando lo ves llegar por la nieve
sonríes, sintiendo gran alivio,
como Swann que se encuentra con Odette
tras una amarga noche en vela
consumido por los celos.
Días fríos en los que le preguntas
en la comida, en el desayuno,
en la cena: ¿Qué pasa?
¿Porqué no hablas? ¿Qué piensas?
¿No tienes nada que decir?
Contéstame. Y te responde que no,
con la cabeza.
Tienes veinticuatro años.

Días de invierno en que el cuerpo se escinde,
árbol partido por el rayo,
entre las palabras que dicta la razón
y sinrazones del deseo.
Días en que abandonas
la ciudad donde vives,
para caminar solo,

of a San Francisco bar
with his legs open
while heavy metal
music was lashing your back.
And because he has never lied to you.

Days of a season in hell
when you wait,
hour after hour,
for the unfaithful companion,
and when you see him come through the snow,
you smile, feeling great relief,
like Swann when he meets Odette
after a bitter night of waiting,
consumed by jealousy.
Cold days when you ask him
at lunch, at breakfast,
at dinner: What's happening?
Why don't you speak? What are you thinking?
You have nothing to say?
Answer me. And he says no
with his head.
You are twenty-four years old.

Winter days when the body divides in two,
a tree split by a bolt of lightning,
among words dictated by reason,
and the unreason of desire.
Days when you abandon
the city where you live,
to walk alone

entre los rascacielos
de Nueva York, por calles que se fugan
en trazo paralelo hasta juntarse
en un punto borrado por la bruma.
Días en los que te haces preguntas:
¿qué sed de infinito tiene tu amigo?
¿no le basta el instante que nos hace
dar el salto a otro tiempo?
¿qué busca al repetirlo
mil veces con mil cuerpos…?
Y al cruzarte con un padre que pasa
junto a ti con sus hijos,
presumes que su sed
de infinito se sacia
en lo infinito,
en la materia, al sentir
el calor de los niños en su mano.
como se sacia la fe del creyente
al dar el salto a la otra orilla
cuando venera una imagen.
Y más tarde te acuerdas
del poema que dejaste
sin terminar y que ahora
escribes o te escribe
en ese ayer que ya no es más.

Días en que paseas
entre rostros impasibles, por calles
que se prolongan como el argumento
sin fin de una tediosa obra de teatro.
Tarde en la que vas al cine

among the skyscrapers
of New York through streets that vanish
in parallel until they join
at a point rubbed out by the fog.
Days when you ask yourself:
What is your friend's thirst for infinity?
Isn't it enough for him that we have this instant
that makes us leap into another time?
What is he looking for when he repeats it
a thousand times with a thousand bodies…?
And when you cross the path of a father
nearby with his children,
you presume that his thirst
for infinity is slaked
in the infinite,
in the material, when he feels
in his hand the warmth of his children,
just as a believer's faith peaks
when he leaps to the other shore
while worshiping an image.
And much later you remember
the poem you left
unfinished and which now
you write or it is writing you
in that yesterday that is no more.

Days when you pass
among impassive faces, down streets
that lengthen like the endless
argument of a tedious play.
Afternoon when you go to the cinema

a ver una película
en donde dos japoneses
fornican sin cesar
buscando la intersección de sus vidas
hasta hallarla en la muerte.
Tarde en la que decides
regresar a tu casa,
a tu casa que ya no es más tu casa,
en un tren que avanza sobre las vías,
bajo un cielo implacable, mudo y sordo.
Tarde en que hay tiempo en un minuto
para tomar decisiones que pueden
cambiar en un minuto.
Noche en la que encuentras tu casa llena
de flores, y él ansioso
en la puerta, esperándote.
Días de una estación
en los que el cuerpo que tú razón niega
y tu deseo sin razón afirma,
canta, ríe, dibuja,
se viste con kimonos,
y una noche te dice
que una de sus fantasías sería
verte en la cama,
con un amigo suyo,
mientras él los atiende
como la virtuosa ayuda de cámara
de un noble de la era Edo
-entrenada por geishas,
cortesanas y fieles concubinas.
Y tú aceptas para tomar distancia,

to see a film
in which two Japanese
endlessly fornicate,
seeking the intersection of their lives
until they find it in death.
Afternoon when you decide
to return to your house,
to your house that is no longer your house,
in a train that advances along rails
under a sky that is implacable, deaf and dumb.
Afternoon when there is time in one minute
to make decisions that can
change in a minute.
Night when you find your house filled
with flowers, and him waiting
for you anxiously at the door.
Days of a season
when the body that your reason denies,
and your unreasonable desire affirms,
sings, laughs, sketches,
dresses in kimonos,
and he tells you one night
that one of his fantasies would be
to see you in bed
with a friend of his,
while he attends to you both
like a virtuous chambermaid
of a noble of the Edo era—-
trained by geishas,
courtesans and faithful concubines.
And you agree, in order to distance yourself,

para romper el yugo que el amor
te ha impuesto, o quizá para cumplir
con el *on* que creaste sin saberlo.
Y cuando llega el huésped,
el vacío del cuarto
abarca el universo.
Contemplas en torno a ti los objetos
dispuestos en la escena:
las paredes desnudas,
el tatamo en el suelo,
las flores del kebana,
el kakemono que cuelga del techo.
Sentados frente a frente,
el invitado y tú,
sin pronunciar una sola palabra,
esperan el momento en que el otro,
oculto tras el biombo,
hace su aparición
con un andar de lentos movimientos,
un abanico en la mano, vestido
con tres kimonos
de seda superpuestos,
un tocado de kanzashis, punzantes
estiletes de laca
negra, coral y plata,
con un afeite blanco el rostro
y los ojos delineados en rojo.
La pava hierve sobre el brasero,
cigarra que canta derramando
penas sobre un verano inexistente.
Afuera la nieve cubre el jardín,

to break the yoke that love
has put on you, or perhaps to fulfill
the *on* that you created unaware.*
And when the guest arrives,
the emptiness of the room
encompasses the universe.
You contemplate the objects
around you arranged for the scene:
the stripped walls,
the tatami on the ground,
the kebana flowers,
the kakemono hanging from the ceiling.
Seated face to face,
without saying a single word,
your guest and you,
await the moment when the other,
hidden behind a screen,
makes his appearance
stepping with slow movements,
a fan in his hand, dressed
in three silk kimonos,
one on top of the other,
a hairpiece of kanzashis, stabbing
stiletto heels lacquered,
black, coral and silver,
with a face made up white
and eyes outlined in red.
The kettle boils on the hearth,
a cicada sings spilling
sorrows over a summer that does not exist.
Outside, snow covers the garden,

los techos de las casas
y la ciudad dormida.
Y mientras él, oficiando
su rito con esmero,
te desnuda y desnuda aquel cuerpo
que en vano intenta excitarte, recuerdas
la imagen de la exótica dama
retratada en la portada del manual
para hacer origamis
que alguna vez te regaló Cernuda,
con un fajo de papeles azules,
amarillos, violeta,
verdes y naranja, como los forros
de los kimonos que usa tu amigo,
y que ahora se pliegan y despliegan,
a cada movimiento de su cuerpo
mientras anda en torno al tatami.
Esta lluvia que bate los cristales
es la misma de ayer.
Escuchas el golpeteo incesante
de las gotas como una melodía
lejana y familiar.
Dentro de la habitación donde escribes
todo es calma. La lámpara ilumina
los muros. Suspendido en una burbuja
de tiempo, el ayer se transparenta.
Navegas entre una habitación y otra,
por espacios que ya no existen, salvo
en tu memoria y en estas palabras
que caen sobre la página
como gotas de lluvia,

the roofs of the houses
and the sleeping city.
Meanwhile, officiating
his rite with great care,
he undresses you and undresses that body
which tries in vain to arouse you,
you remember the image of an exotic lady
drawn on the cover of the manual
for making origami
that Cernuda once gave you,
with a bundle of papers—blue,
yellow, violet,
green and orange, like the lining
of the kimonos your friend uses,
that pleat and unpleat now,
with each movement of his body
as he walks around the tatami.
This rain that beats the windows
is the same as yesterday's.
You listen to the endless drumming
of the drops like a faraway
and familiar melody.
Inside the room where you write
all is calm. The lamp lights up
the walls. Suspended in a bubble
of time, yesterday becomes transparent.
You navigate from one room to the next,
through spaces that no longer exist except
in your memory and in these words
that fall onto the page
like raindrops,

como instantes maduros
que se abren y se cierran para ser.
Navegas de uno a otro de los cuartos
que amueblas con palabras,
otra vez solo.
Tienes veintiséis años.
Hace dias que dejaste a tu amigo.
Es hora de dormir.
La ciudad, poco a poco,
ha ido apagando las luces.
Desde la cama escuchas
el murmullo de la lluvia mezclado
a los ruidos de la casa dormida:
el agua que circula por los tubos,
el vapor que silba en los radiadores,
las maderas que crujen.
Por un momento piensas
que hay alguien en el cuarto contiguo.
Tratas de conciliar el sueño, pero
una voz en la calle te despierta.
Te asomas a la ventana y no ves
a nadie. Extrañas a tu amigo,
pero también recuerdas
la luz que manando por los vitrales
inundaba la catedral.
Ayer cuando caminabas aprisa
por la Quinta Avenida
con ansias inflamado
intentando huir de tu propio cuerpo,
entraste al bosque espeso,
en mármol blanco esculpido, en busca

like ripe moments
that open and close in order to be.
You navigate from one room to the next,
furnishing them with words,
once again alone.
You are twenty-six years old.
You left your friend some days ago.
It is time to sleep.
Little by little, the city
has gone putting out its lights.
From bed, you listen
to the murmuring of the rain mixed
with the noises of the sleeping house:
water running through the pipes,
steam whistling in the radiators,
creaking wood.
For a moment you think
someone is in the room with you.
You try to get to sleep, but
a voice in the street wakes you.
You peep through the window and see
no one. You miss your friend,
but you also remember
the light that flowing through stained glass
flooded the cathedral.
Yesterday on Fifth Avenue
when you walking in a hurry
inflamed with anxieties,
trying to flee from your own body,
you entered the thick wood,
sculptured in white marble, in search

del *deleitoso seguro* anhelado.
Cruzaste las naves iluminadas,
entre esbeltas columnas
que en su fuga hacia las alturas
se abren, como palmeras,
para cerrar la bóveda
en las rosas talladas de las claves,
escuchando los ecos de tus pasos
y el murmullo callado de algún rezo.
Contemplaste el altar
donde se une la carne con el alma;
y te detuvo luego una figura
de rostro sonriente
adosada en uno de los pilares.
A sus pies, en letra de oro,
una inscripción: *St Patrick*.
Mientras observabas sus rasgos,
sentiste que la imagen
movía sus labios de piedra
y que te contemplaba desde lo alto.
Entonces empezó a sonar el órgano,
se encendieron las velas,
la catedral se llenó de señoras
con sombrero y hombres de gabardina,
creció el murmullo de las oraciones,
se encendieron las luces del altar
y brilló la casulla granate
del sacerdote. Entre las palabras
que éste decía escuchaste:
And David said, my brother Jonathan,
very pleasant hast thou been unto me:

of the longed-for *sure delight*.
You crossed the lit naves,
among slender columns
that open like palm trees
in their flight toward the heights
then seal the dome shut
with sculptured roses at the keystones,
that listen to the echoes of your steps
and the suppressed murmur of some prayer.
You contemplated the altar
where soul and flesh unite;
and then a figure detained you
with his smiling face
his back to one of the pillars.
At his feet in gold letters,
an inscription: Saint Patrick.
While you observed his features
you sensed the image
move his stone lips
and contemplate you from above.
Then the organ began to sound,
the candles were lit,
the cathedral filled with ladies
in hats and men in raincoats,
the murmured prayers grew louder,
the altar lights were lit
and the priest's garnet
chasuble shone. You heard
him say:
And David said, my brother Jonathan,
very pleasant hast thou been unto me:

thy love to me was wonderful
passing the love of women.
No sabes cuánto tiempo te quedaste
allí de pie, ¿una hora?; ¿unos minutos?
Saliste por una puerta lateral
y bajaste por la Quinta Avenida
hacia Grand Central mirando a la gente,
al histrión que mantiene en el aire
seis o siete manzanas,
a la atleta esbelta que se desliza
veloz, como una pantera
sobre sus patines de ruedas,
los escaparates que exhiben
la moda nueva y los retoños tiernos
de los árboles. Entonces alguien
te detuvo. Te preguntó adónde ibas.
Te dijo que se llamaba Patrick.
Te dijo que cantaba en el coro
de una iglesia. Te dijo
que vivía en una ciudad cercana
en donde pasarías
la noche con él, y en donde leerían
los seis poemas de amor
que escribió Abelardo a un amigo.

Días de una primavera en que emergen
narcisos de la nieve,
como cirios ardientes en el templo.
Días en los que miras
llover tras la ventana
mientras prados y valles reverdecen,

thy love to me was wonderful
passing the love of women.
You do not know how much time passed
as you stood there. An hour? A few minutes?
You left by a side door
and got down on Fifth Avenue
towards Grand Central, looking at the people,
at the juggler who keeps
six or seven apples in the air,
at the slim athlete who glides by
fast, like a panther,
on his roller-skates,
at shop windows exhibiting
new fashions, at the tender new shoots
of the trees. Then someone
stopped you and asked where you were going.
He told you his name was Patrick.
He told you he sang
in a church choir. He told you
he lived in a nearby city
where you would spend
the night with him, and where you would read
the six poems of love
that Abelard wrote to a friend.

Spring days when daffodils
emerge from the snow
like burning candles in the temple.
Days when you watch
rain through the window
while meadows and valleys green again,

en los que contemplas tras el cristal
al ave fénix extender sus plumas
en racimos azules de glicinas
sobre los tejados de la mañana.

Noches calladas en las que recuerdas
la música del órgano en Saint Patrick,
la piel suave del santo
que te leyó los poemas de Abelardo,
los intocables días que se juntan,
como líneas paralelas
en un punto infinito,
en tu remota infancia.
Noche que caes sobre la cama
agotado, fijos los ojos,
en la sombra del árbol
que proyecta la luz
de la calle sobre los muros
de la alcoba apagada:
claro ideograma de tu soledad,
que al encenderse un foco
en el piso de arriba,
en otro se trasmuta.
No estás solo, te dices,
es el vecino que regresa a casa,
camina por su cuarto, ahora canta.
Y mientras su voz desciende
iluminando el polvo
que flota en el aire, la mesa,
los objetos olvidados, la silla,
hasta llegar a ti

when you contemplate through glass
the phoenix extend its wings
in blue branches of wisteria
over the rooftops of morning.

Silent nights when you remember
the organ music in Saint Patrick's,
the smooth skin of the saint
who read you Abelard's poems,
the innumerable days that meet
like parallel lines
at an infinite point,
in your faraway childhood.
Nights when you fall exhausted
on the bed, your eyes staring,
in the shadow of the tree
that the street light projects
over the darkened
bedroom walls:
the clear ideogram of your solitude,
which, when a light comes on
from the floor above,
changes into something else.
You are not alone, you say,
it's the neighbor returning home,
who walks through his room, starts to sing.
Meanwhile, his voice descends
illuminating dust
floating in the air, the table,
forgotten objects, the chair,
until it reaches you

y alumbrarte por dentro,
abandonas tu cuerpo
en feliz dejamiento
para fundirte
con la cama, el aire,
el cuarto, el cristal de la ventana,
el jardín, las montañas,
las vagas luces de la Osa Mayor.
Entonces sabes que tu cuerpo es parte
de un cuerpo eternamente vivo.

Días en los que contemplas las cosas
que te circundan como
si las miraras por primera vez,
los muros de la casa,
que un día fueron piedra, río,
montaña y bosque;
la luz, que se derrama
por todas partes llenando las copas
de vino y las mesas de pan dorado,
mientras la gente ríe, canta y baila
en la oración que festeja la vida.

Días en los que tu deseo vuelve
a fluir en la espiral de las horas,
en que caminas un amanecer
del tamaño del mar
por una playa al norte de New Haven,
sintiendo la presencia
de aquella luz que te anula y te afirma:
sol por tus sentidos recuperado;

and lights you up from within,
you abandon your body
in happy ease
to fuse
with bed, air,
bedroom, window glass,
garden, mountains,
the vague lights of the Great Bear.
Then you know your body is part
of a body eternally alive.

Days when you contemplate the things
that surround you
as if you were seeing them for the first time,
the walls of the house,
which once were stone, river,
mountain and wood;
the light that spills
everywhere filling cups
with wine and tables with golden bread,
while people laugh, sing and dance
the prayer that life celebrates.

Days when your desire returns
to flow in the spiral of the hours,
when you walk in a dawn
as wide as the sea
on a beach north of New Haven,
feeling the presence
of the light that effaces and affirms you:
sun regained by your senses;

huevo de oro que vierte
su clara en la transparencia del aire,
mientras la yema con su resplandor
ilumina la espuma que va y y viene
con las olas, las velas
izadas de los barcos
en altamar, la arena
pulverizada por el movimiento
tenaz de las mareas.
Mas allá y tierra adentro, entre los juncos,
sobre las láminas prensadas
de un cementerio de autos,
unas gaviotas
chillan y revolotean turbadas
ante tu presencia y la inesperada
aparición de un hombre que te mira
sin cesar. Esbelta llama que avanza,
con la camisa abierta,
hasta llegar a ti
y sin decir palabra,
tocar con sus amplias manos tus músculos
en sus ojos grabados,
las venas de tu cuello,
y acercar, poco a poco,
sus labios a los tuyos
en un olvido con sabor a sal.

Esta lluvia que bate los cristales
es la misma de ayer.
Oyes el golpeteo de sus gotas,
como un tamborileo

golden egg that pours
its white into the transparent air,
while the yolk, resplendent,
lights the spray that comes and goes
with the waves, the hoisted
sails of the ships
on the high sea, the sands
pulverized by the relentless
movement of the tides.
Beyond and within the earth, among the reeds,
over the crushed steel sheets
of an automobile cemetery,
a few gulls
scream and whirl, disturbed
by your presence and the unexpected
appearance of a man who looks at you
steadily. A thin approaching flame,
his shirt open,
he reaches you
and without a word,
he touches with large hands your muscles
etched in his eyes,
the veins of your neck,
and little by little he brings
his lips to yours
in a forgetting that tastes of salt.

This rain that beats the windows
is the same as yesterday's.
You hear the drops strike
like a drumming

que no acaba jamás.
Hace tiempo que escribes.
Las horas se han pasado
y no te has dado cuenta.
Tu amigo trabaja en su habitación.
Hace diez años que están juntos.
Sin buscarlo lo hallaste.
En Sáo Paulo llovía.
El azar teje encuentros
como la ciudad calles
que desembocan en la misma plaza.

Esta lluvia que bate los cristales
es la misma de ayer.
El rumor de sus gotas
ha estimulado el árbol de tus nervios.
Has vuelto a vivir lo que ya no existe.
Has ido y regresado.
En tu cráneo, tiempos y espacios
disímiles han pactado, creando
una estrella de varios picos
que apuntan todos hacia el infinito.
Te has encontrado en uno de los vértices
al niño que fuiste , mientras miraba
absorto la lluvia tras el cristal
y en los otros, al muchacho, al joven
y al adulto que fueron
y el hijo de aquel niño.
Has caído en la búsqueda de tu ser
desde la alta cúspide de tu insomnio.
Has amado preso en la libertad

that will never end.
You have been writing for a long time.
You have not realized
the hours have passed
Your friend works in his room.
You have been together for ten years.
Without looking, you found him.
It was raining in Sao Paulo.
Chance weaves meetings
like the city its streets
that spill into the same plaza.

This rain that beats the windows
is the same as yesterday's.
The noise of the drops
has stimulated the tree of your nerves.
You have returned to live what no longer exists.
You have gone and come back.
In your skull, dissimilar times and spaces
have joined together, creating
a star of many points
all of which aim toward the infinite.
In one point, you have found
the child you were, absorbed,
watching the rain through glass,
and in others, the boy, the young man
and adult who were all
the son of that child.
From the high summit of your insomnia
you have fallen in search of your being.
You have loved while being a prisoner

del amor. Has buscado
por calles que se borran en la bruma
la intersección
de lo que captan los sentidos
con lo que intuye el sinsentido.
Has resucitado en Pascua Florida
al hallar en la nave de una iglesia
la Rosa de Sarón.
Has visitado un Santo.
Has sentido el calor de aquella luz
inexplicable que te hizo salir
de tu cuerpo una noche, mientras éste
se fundía con el universo.
Has vuelto a amar. Has sido
para ser. Buscas
 en este segundo que pasa
el concierto de todas
las fuerzas que te inventan.
Eres una partícula
en la galaxia que gira en la nada,
un ahora que se recuerda a sí mismo
en el parpadeo de los milenios.

Quien escucha llover ya es otro.
Está sentado en un cuarto futuro
que tú aún no conoces. Te contempla
salir de tu alcoba, cerrar la puerta
y caminar por el jardín en donde
respiras la humedad de la noche.
Esta lluvia que bate los cristales
es la misma de siempre.

of love's liberty. You have searched
through streets erased by fog
for the intersection
of what the senses capture
and what senselessness intuits.
You have revived in flowery Easter
when you found the Rose of Sharon
in the nave of a church.
You have visited a saint.
You have felt the heat of that inexplicable
light that made you leave
your body one night as it
fused with the universe.
You have loved again. You have been
in order to be. You search
this passing second
for the agreement of all
the forces that invent you.
You are a particle
in the galaxy whirling in nothing,
a now that remembers himself
in the eye-blink of millennia.

The one who listens to the rain is already an other
He is sitting in a room in the future
you do not yet know. He contemplates you
as you leave your bedroom, close the door
and walk in the garden where
you breathe in the wetness of the night.
This rain that beats the windows
is the same as always.

Nota: Tanto los chinos como los japoneses tienen muchas palabras que significan "obligación". Esas palabras no son sinónimas entre ellas y su sentido específico no tiene traducción en las lenguas occidentales, porque el concepto que encarnan es ajeno a nosotros. La palabra que se utiliza en el Japón para denotar las deudas y las obligaciones que tiene una persona con otra es *on*. generalmente es traducida al español por una serie de palabras que oscilan entre "obligación", "lealtad", "amabilidad", "generosidad", "dulzura", y "amor". Sin embargo, todas ellas dan un significado distorsionado. La palabra *on* connota "obligación", "lealtad", "amabilidad", "generosidad", "dulzura" y "amor pero con un sentido de "carga", de "presión", de "deuda" que uno lleva lo mejor posible.

Note: The Japanese, like the Chinese, have many words signifying "obligation." These words are not synonymous among themselves and their specific meaning has no translation in western languages, because the concept that they embody is foreign to us. The word used in Japanese to denote debts and obligations a person has toward another is *on*. Generally it is translated into Spanish by a series of words that oscillate between "obligación" (obligation), "lealtad" (loyalty), "amabilidad" (affability), "generosidad" (generosity), "dulzura" (sweetness), and "amor" (love). However, all these words give only a distorted meaning. The word *on* does connotate "obligación," "lealtad," "amabilidad," "generosidad," "dulzura" and "amor," but with a sense of "carga" (burden), of "presión" (pressure), of "deuda" (debt) that one carries as well as one can.

De *Arabian Knights and Scottish Mornings* (1991-2000)

From *Arabian Knights and Scottish Mornings* (1991-2000)

La cena

Incendiados los azules
en constante movimiento
chocan, pactan y se licúan.
Todavía un sol naranja
ilumina la terraza,
el albero del camino
las copas de los cipreses,
la ciudad en la hondanada
-blanca marea de luces
que crece mientras la noche
hace más espeso el bosque.
Alrededor de la mesa,
los amigos cenan, hablan.
Asisten a doble fiesta:
la que ocurre allá en la bóveda
-celeste coreografía
en la que el día se fuga-
y la que el diálogo crea.
Entre el silencio de dos
palabras un grillo canta:
emanación de una estrella
que a lo lejos centellea.
Otra luz brilla en los ojos
de los que oyen y contemplan.
Eco del eco del eco,
la estrella, el canto y la llama,
se escribe solo el poema.

Supper

The blues on fire
moving constantly
crash, agree and liquefy.
An orange sun still
lights the terrace,
the clay of the road,
the cypress cups,
the city below in a hollow valley—
a white tide of lights
that grows while the night
thickens the wood.
Around the table,
friends eat and talk,
attend a double feast:
one that occurs up there in the firmament—
celestial choreography
in which the day flees—
and which the dialogue creates.
In the silence between two words
a cricket sings:
the emanation of a star
sparkles far away.
Another light shines in the eyes
of those who hear and contemplate.
Echo of the echo of an echo,
star, song and flame,
Only the poem writes itself.

Arabian knight

A Milos Sovak

Los montes, los olivos,
los campos de verduras en el valle,
los altos muros ocres
del Palacio Real de la medina,
la brisa de la noche,
la voz del moecín, lejana, monótona,
el café de siempre y sus parroquianos...

Sentado en la terraza
del jardín El Haboul, en Meknés,
un muchacho moreno
vestido con una chilaba blanca,
después de largo rato,
después de consumir
el té de menta que había ordenado,
se acercó a tí para saber de dónde venías...
Y mientras te contaba
la historia del lugar,
peló un higo maduro
con una navaja que desenvainó de golpe.
El reflejo del farol sobre la hoja
tocó tu rostro: tres gotas de leche
se derramaron por entre sus dedos.
Al ver que lo mirabas, sus pupilas
se dilataron como las de un tigre.
Entonces partió el higo
-florescencia cargada de semilla

Arabian Knight

to Milos Savak

Mountains, olive trees,
vegetable fields in the valley,
the high ochre walls
of the Royal Palace in the old city,
the night breeze,
the muezzin's voice, faraway, monotonous,
the usual café and its parishioners…

Sitting on the terrace
of the garden of El Haboul, in Meknes,
a dark youth
wearing a white djellaba,
after a long while,
after drinking
the mint tea he had ordered,
approached you to learn from where you came…
And while he told you
the history of that place,
he peeled a ripe fig
with a knife he drew suddenly.
The reflection of the street lamp on the blade
touched your face: three drops of milk
spilled on his fingers.
When he noticed your gaze, his pupils
dilated like a tiger's.
Then he divided the fig—
a flowering filled with seeds

que parecían arder en la bóveda-,
y enseguida, llevó
una de las mitades a tu boca
y otra, con gesto ágil, a la suya.
Cuánto placer al degustar la fruta.
Cuánto vértigo en el filo de la hora.
La sangre se hizo espesa,
los sentidos se abrieron a otro tiempo.
De pronto, sentiste sobre tu pie
su babucha. Y sin decir palabra
te fuiste con él por las calles de la medina.

that seemed to burn in the vault of the night—
and immediately he put
one half in your mouth
and the other, with an agile flick, in his own.
What pleasure in tasting the fruit.
What vertigo on the edge of the hour.
Blood thickened,
the senses opened up to another time.
Suddenly you felt his slipper
touch your foot. And without a word
you went with him through the streets of the old city.

Express a Marraquech

    Por la forma
en que se oprimió el vientre con la mano,
la muchacha que entró
en el compartimiento,
vestida con un amplio chador blanco
y la cara tapada con un velo
que dejaba ver tan sólo sus ojos
nerviosos, delineados en negro
presentimos que algo sucedería.

Los altavoces anunciaban
la partida
    y el ambar del crepúsculo
doraba la estación llena de gente.

El tren partió dejando atrás los muros
ocres de la ciudad,
los altos minaretes,
el Palacio Real,
las huertas de verdura
a la orilla del río.
Muy pronto el cielo se pobló de estrellas.
Viajar al sur es viajar a otro tiempo.
Ayer, al pasear por la medina
nos encontramos con unas mujeres
que tocando un pandero y cantando
escoltaban a un niño.
Montado en un caballo
—ricamente adornado

Express to Marrakech

    By the way
she pressed her belly with her hand,
the girl who entered
the compartment,
dressed in a wide white chador
her face covered with a veil
revealing only her nervous eyes
outlined in black, we sensed
something was going to happen.

The loudspeakers announced
the departure
    and the amber of twilight
gilded the crowded station.

The train departed, leaving behind
the ochre walls of the city,
the tall minarets,
the Royal Palace,
the vegetable gardens
the riverbank.
Soon the sky was filled with stars.
To travel south is to travel to another time.
Yesterday, strolling through the medina
we met some women
playing a tambourine and singing
escorting a child.
Riding on a horse
—richly adorned

con arneses de plata
y alcafar de seda bordada en oro—,
iba camino a la mezquita
en donde sería circuncidado.
Tan lejos de todo estamos —dijiste—
mientras la mujer se llevaba
de nuevo la mano al vientre, gimiendo.
Parecía tan sola en su trabajo,
tan sola en el tren, sin ningún cuidado.
Y al preguntarle si deseaba algo
se quedó ensimismada.

El tren se detuvo en una estación
olvidada en la mitad de una frase
y la mujer permaneció sentada,
con la mano en el vientre,
mirándonos fijamente,
como si buscara complicidad
o pidiera silencio, o ambas cosas.
     Hoy recuerdo sus ojos.
Eran un grito mudo entre los velos.

El tren volvió a partir
dejando atrás los andenes vacíos.
Cada uno de nosotros
se dejaba llevar
por sus propios recuerdos
—el jardín de Mecknés al caer la tarde,
el cruce de miradas
en los paseos , los altos cipreses,
signos de admiración

with silver harnesses
and alcaufar of silk embroidered with gold—
he was on his way to the mosque
where he would be circumcised.
"So far away from everything we are,"—you said—
while the woman put her hand
to her belly again, moaning.
She looked so lonely in her work,
so alone in the train, without any care.
And when I asked her if she wanted anything
she became quiet, looking into herself

The train stopped at a station
forgotten in the middle of a sentence
and the woman remained seated,
her hand on her belly,
staring at us,
as if looking for complicity
or asking for silence, or both.
    Today I remember her eyes.
They were a silent cry through the veil.

The train departed again
leaving the empty platform behind.
Each one of us
was carried away
by our own memories
—the garden of Meknes in the evening,
the crossing of glances
on the promenades, the tall cypress trees,
signs of admiration

ante las vistas que el lugar ofrece—
pero la realidad
nos hacía regresar al presente.

Varias veces la mujer se oprimió
el vientre con la mano.
Varias veces le ofrecimos ayuda
sin que nos respondiera
y cuando quisimos buscar a alguién
para que la atendiese
dijo que no con la cabeza.
La luna iluminó
el desierto: imagen irreal
de la soledad plena.

El express continuó sobre la vía
inventando el poema
que ahora escribo mientras las imágenes
que rescata la memoria regresan.
La mujer dió un grito.
Se rompieron las aguas.
Hubo un cruce de miradas seguido
por un largo silencio.
No recuerdo cuanto tiempo duró
el trance. No se si fueron dos horas
tres o cinco. Tendida boca arriba,
en el suelo, con las piernas abiertas
bañadas en sudor helado y sangre,
y sin quitarse el velo,
        jadeaba
rítmicamente mientras el anillo

at the views that the place offers—
but the reality
brought us back to the present.

Several times the woman pressed
her belly with her hand.
Several times we offered her help
but she didn't answer us
and when we wanted to look for someone
to take care of her
she said no with her head.
The moon illuminated
the desert: an unreal image
of full solitude.

The express continued on the track
inventing the poem
that I now write while the images
that memory rescues return.
The woman gave a scream.
The waters broke.
An exchange of glances was followed
by a long silence. I don't remember
how long the trance lasted.
I don't know if it was two hours
three or five. Lying on my back,
on the floor, with my legs spread
bathed in icy sweat and blood,
and without taking off her veil,
      she gasped
rhythmically as the ring

de carne rojo oscuro,
se abría, poco a poco,
dejando ver el túnel de coral,
el caracol del tiempo,
y finalmente un círculo negro.

Pujando con una fuerza animal
la mujer coronó
la cabeza del niño,
y la expulsó enseguida, boca abajo
—caliente y húmeda, sobre mis manos.
La criatura comenzó a respirar
y en espiral giró
hacia arriba sacando
primero los hombros
y después las otras partes del cuerpo.

Amanecía. En el horizonte
otro sol tiñó de rojo, naranja,
amarillo, rosa, el paño del cielo.
Cabeza abajo comenzó a llorar
el niño. No recuerdo
quién le cortó el cordón umbilical.
Por la ventana vimos
un diminuto oasis:
        cuatro casas,
un grupo de palmeras datileras.
Y más allá: un camello que giraba
lentamente alrededor de una noria.

Al llegar a Marraquech, la mujer

of dark red flesh
opened, little by little,
revealing the coral tunnel,
the snail of time,
and finally a black circle.

Pushing with animal strength
the woman crowned
the child's head,
and expelled it immediately, face down
—warm and wet, over my hands.
The creature began to breathe
and spiraled
upward,
first the shoulders
and then the other parts of the body.

It was dawn. On the horizon
another sun dyed red, orange,
yellow, pink, the cloth of the sky.
Head down, the child began to cry.
I don't remember
who cut the umbilical cord.
Through the window we saw
a tiny oasis:
        four houses,
a cluster of date palms.
And beyond: a camel turning slowly around a water wheel.
slowly around a Ferris wheel.

Upon arriving in Marrakech, the woman

bajó del tren aprisa
y se perdió entre la muchedumbre.
Quise alcanzarla, pero
todas las mujeres vestían la misma ropa,
todas tenían el rostro tapado
y muchas de ellas llevaban un niño
en la espalda.

El calor del desierto
a veces desconcierta.

Han pasado más de dieciséis años.
Tal vez la madre haya acompañado
al niño a la mezquita,
cantando por las calles
de la vieja medina,
y el niño, ya hombre, frecuente el jardín
al terminar la tarde.

got off the train in a hurry
and got lost in the crowd.
I wanted to catch up with her, but
all the women were wearing the same clothes,
all of them had their faces covered
and many of them carried a child
on their backs.

The heat of the desert
is sometimes disconcerting.

More than sixteen years have passed.
Perhaps the mother has accompanied
the child to the mosque,
singing through the streets
of the old medina,
and the child, already a man, frequents
the garden at the end of the afternoon.

En el Ritz de Meknes

Bastó sólo una mirada,
el silencio entre dos frases,
el ténue roce en tu mano
cuando pediste la llave
en el calor de la siesta,
para que el joven conserje,
con mirada de gacela,
fuera detrás de tí, al cuarto.

Cuánta delicia al tocar
sus muslos aceitunados,
con fragancia de azahares,
y al besar sus labios gruesos
con sabor a cardamomo,
mientras el ventilador
daba vueltas refrescando
los cuerpos entrelazados,
en su delirio deseándose,
como el desierto al agua.

Cuánto goce en un instante
cuando los cuerpos se olvidan
de la realidad dejándose
ir ¿hacia dónde? ¿hacia dónde?

La ciudad despertó en la hora
plena. Los coches, las motocicletas,
la música de una radio,
la misteriosa algarabía

In The Ritz At Meknes

One glance was enough,
the silence between two sentences,
the tenuous graze of your hand
when you asked for the key
in the heat of the siesta,
so that the young concierge
with a glance like a gazelle's,
went behind you to your room.

What delight to touch
his olive-toned muscles,
with their fragrance of orange blossoms,
and to kiss his ample lips
flavored with cardamom,
as the fan
spun round refreshing
the intertwined bodies
desiring each other in their delirium,
the way the desert desires water.

What pleasure in the instant
when bodies forget
reality and let it go
where? where?

The city woke up in the fullness
of the hour. Cars, motorcycles,
a radio's music,
mysterious Arabic,

te hicieron volver al mundo.
El conserje apresurado
dijo adios y dejó el cuarto.
Tu te quedaste dormido.
Despertaste en otro sueño
cuando el moecín empezó
a rezar en el micrófono.
Desde el balcón, el Palacio
resplandecía en la noche
sonora, llena de estrellas.

brought you back to the world.
The concierge said goodbye
in a hurry and left the room.
You fell asleep
and woke in another dream
when the muezzin began
to pray into his microphone.
From the balcony, the palace
shone resplendent in the sonorous
night full of stars.

Fiesta en un jardín de Tánger

A media noche,
cuando la bóveda
estaba cuajada de estrellas
y los cometas
uno tras otro,
caían sobre el mar,
entraste en el jardín secreto
para hallar en él otro cielo:
cien tortugas llevaban
sobre el caparazón
una veladora encendida;
al caminar formaban
constelaciones imprevistas,
titilantes y luminosas rimas,
otra escritura,
por el azar creada.

Party In A Tangiers Garden

to Shirley Chernitsky

At midnight,
when the firmament
was filled with stars,
and comets
one after another
were falling over the sea,
you entered the secret garden
to find within it another sky:
one hundred tortoises
were carrying lit candles
on their shells;
walking they formed
unforeseen constellations,
flickering and luminous rhymes,
another writing,
created by chance.

En el pequeño puerto

Cuando toco tu piel
        toco el cielo.
Hay constelaciones en el árbol
              de tus nervios;
flores que se abren al sentir mi dedos.

Tu cuerpo es un jardín
donde al perderme me hallo.
              Exploro sus secretos
mientras de tí me lleno.
La suave caricia de tus manos
en mis muslos y pelo
y el aliento de tu boca en mi oído
hacen que mi sangre se haga más densa.

Todo es imanación
en la espiral del deseo.
La realidad se vuelve imperceptible.
De pronto, nos desprendemos del mundo
sin darnos cuenta. Nada existe salvo
nosotros dos en flujo intenso de otro tiempo.

Los elementos pactan. Los sentidos
se corresponden. Nuestros cuerpos enamorados,
en prolongado gozo,
forman un sólo cuerpo.
En el ojo de la espiral las almas
se unen en transparencia.

In The Little Port

When I touch your skin
        I touch the sky.
There are constellations
            in the tree of your nerves;
flowers that open when they feel my fingers.

Your body is a garden
where to lose is to find myself.
        I explore its secrets
while I fill myself with you.
The smooth stroke of your hands
on my thighs and hair
and the breath of your mouth in my ear
make my blood grow thick

Everything is magnetized
in the spiral of desire.
Reality turns imperceptible.
Suddenly, we let go of the world
without realizing that we do. Nothing exists except
the two of us in the intense flux of another time.

The elements agree. The senses
match. Our bodies in love,
in prolonged pleasure,
form a single body.
In the eye of the spiral
souls unite in transparency.

Hay un silencio más allá del propio silencio,
un salto más allá de la distancia.
La vía láctea se derrama en claridades.
El plancton de las olas llega siempre a la playa
-luminosa espuma en la caída de la noche.

Amanece. La bóveda
poco a poco se apaga:
                  gorriones que cantan apilados
en las vigas del porche.
Una estrella brilla en el horizonte,
Todo es amor en el instante exacto.
La realidad se vuelve de nuevo perceptible.
El sol enciende el océano,
dando otra vez forma
a las formas: la mesa,
los objetos, la cama, la ventana,
el perfil de los tejados de las otras casas.

Mientras mis pupilas fijas te miran:
                me contemplas.
En la geometría de la alcoba
yacemos desnudos entre las sábanas blancas.

Hay un no sé qué en el aire templado
que nos deja sorprendidos, balbuciendo.

Los mástiles de los barcos son exclamaciones
en el pequeño puerto.

There is a silence beyond one's own silence,
a leap beyond distance.
The Milky Way spills into clarities.
The plankton on the waves always arrives at the beach—
luminous foam at nightfall.

Dawn. Little by little
the firmament goes out:
                sparrows sing
clustered under the eaves of the porch.
A star shines on the horizon,
everything is love exactly in its moment.
Reality turns perceptible again.
The sun kindles the ocean,
giving form once again
to forms: table,
objects, bed, window, the silhouettes
of the roofs of other houses.

While my pupils look steadily at you,
                you contemplate me.
In the geometry of the bedroom
we lie naked between white sheets.

There's something, I don't know what, in the warm air
that leaves us surprised, babbling.

The masts of sail boats are exclamation points
in the little port.

Viento

Bate el viento los cristales,
las murallas, los tejados;
en desvarío se filtra
por rendijas y escaleras;
es percusión de timbales
en la torre y en el foso;
aliento grave de tubas
en el sendero que baja
al río; silbido agudo
en todas las chimeneas;
movimiento encadenado
en las copas de los árboles;
rápida fuga de nubes
en el cielo azul intenso.
Pausa. Eco. Silencio.
En el castillo no hay nadie.
El viento sopla por todas
partes incesantemente.
Algo en mi también se agita.
Tal vez seas tú, que llegas,
de repente, de muy lejos.

Wind

The wind beats the windows,
the walls, the roofs;
delirious, it filters
through cracks and stairways;
it is the percussion of timpani
in the tower and in the moat;
the heavy breath of tubas
on the path that drops
to the river; sharp whistling
in all the chimneys;
linked movement
in the treetops;
rapid flight of clouds
in the intense blue sky.
A pause. An echo. Silence.
There is no one in the castle.
The wind is blowing
incessantly everywhere.
Something in me also stirs.
Perhaps it's you, who arrives
suddenly, from far away.

En Roslin Glenn

Todavía queda nieve
en las colinas de Escocia;
la alcanzo a ver a través
de la floresta desnuda,
sin hojas, iluminada
por el sol de mediodía.
Pronto la nieve será
brezos en flor y los árboles
incendio de clorofila.
El cielo parece estar
tan próximo de la tierra
que se toca con las manos.
Hay un no sé qué en el aire,
que me hace fundirme, como
el hielo que en agua pura
se desata, con los valles,
las colinas, el arroyo
que corre por la cañada,
los sotos en las riberas,
las islas de luz, las vegas
y el petirrojo que canta
solitario en la rama
más alta de un sicomoro.
Transmutado en el paisaje
tu presencia se revela.

In Roslin Glen

There is still snow
on the hills of Scotland;
I can just see it
through the bare
leafless woods, lit
by the midday sun.
Soon the snow will be
heather in bloom and the trees
a chlorophyll fire.
The sky seems to be
so close to the earth that one
touches it with one's hands.
There is something, I don't know what,
in the air which melts me, like
the ice that unravels into
pure water—with the valleys,
the hills, the stream
that runs through the gorge,
the thickets on the banks,
the islands of light, the plains
and the robin singing
alone on the highest
branch of a sycamore.
Transmuted into landscape
your presence is revealed.

Un dia en el bosque

I

La casa, el valle, el lago,
las montañas, las sendas
que se bifurcan, serpentean, suben,
bajan, desembocan en verde prado
y entre los pinos altos continúan....
La alegría de estar contigo mismo
al fundirte con lo que te rodea.
Ser el pájaro y su canto y la luz
que se filtra entre las espesas frondas,
la ardilla que salta de una rama a otra,
la transparencia del aire hecha aroma,
el cielo azul, la brisa....
Ser uno con el todo
y ser todo al ser uno;
instante dilatado
mientras paseas ligero sin rumbo.

II

Sentado frente a un salto
de agua que en su caída
se pulveriza en gotas
y en río cobra forma,
contemplas junto a tí,
una piedra verde, sólida, inmensa,
que de la tierra emerge
–imagen exacta de la hora plena.
En un abrir y cerrar de ojos cuando

A Day In The Wood

I

House, valley, lake,
mountains, paths
that divide, snake, rise,
fall and lead into a green meadow
then among the tall pines go on…
The happiness of being with yourself
when you melt into what surrounds you:
To be the bird and its song, and the light
that filters through thick leaves,
the squirrel that leaps from branch to branch,
the transparency of air transformed into scents,
the blue sky, the breeze…
To be one with all
and to be all in one;
an instant stretched out
as you walk on lightly without direction.

II

Sitting near a waterfall
which as it falls
is pulverized into drops
that take form as a river,
you contemplate a green boulder
beside you, solid and immense,
that emerges from earth—
—an exact image of the full moment.
In an opening and closing of eyes when

el sol entre los árboles se asoma,
la piedra iluminada
parece que en pedazos se cuartea.
Desde el centro a la orilla
se esparcen líneas finas
que en la superficie dibujan grietas.
Atónito contemplas
cómo se desintegra la materia.
El instante pleno se desvanece
en otro de zozobra.
Te vuelves a mirar
la cascada que en río se resuelve,
los árboles del bosque,
y al contemplar de nuevo
la piedra verde, sólida, percibes
cómo de un orificio negro nacen
miles de arañas con patas muy largas
y minúsculos cuerpos.
Lo que por un segundo
fue imagen de la muerte
se transmuta ahora en la de la vida.
Testigo de tu asombro,
una lagartija, desde otra piedra,
con los ojos amarillos, te mira.

III

Anochece. Ya de regreso a casa
todo el bosque respira.
Respiran los árboles y el camino.
Respiran las estrellas
y el grillo en tu oído.

the sun looks out through the trees,
the illuminated stone
appears quartered in pieces.
From its center to the edge
fine lines spread
across the surface to sketch new fissures.
Astonished, you contemplate
how matter disintegrates.
This full moment fades away
into an anxious other.
You return to looking
at the waterfall that resolves itself into a river,
at the trees in the wood,
and when you contemplate once more
the green, solid boulder, you perceive
how from a black orifice
thousands of spiders with long legs
and tiny bodies are born.
That which for an instant
was an image of death
is now transformed into one of life.
Witness to your astonishment,
a lizard, on another rock,
with yellow eyes, is watching you.

III

Night falls. On your way home,
the whole wood breathes.
Trees and the road breathe.
Stars breathe
and the cricket in your ear.

Respiran la linterna
del pescador en la mitad del lago
y las luces del pueblo,
lejos, allá, en la orilla.
En tu corazón late el universo.

The fisherman's lantern
breathes in the middle of the lake
and the lights of the town
far off   on the shore.
The universe beats in your heart.

Otra vez Jack

En el bar de un hotel,
después de muchos años
de no saber nada de aquel amigo,
salió su nombre en la conversación.
Y al preguntar por él,
la expresión en los ojos
del desconocido con quien hablabas,
te hizo saber que había muerto.

Entonces, te quedaste abstraído,
silente, triste, no sé cuánto tiempo,
recordando -mientras la gente siguió charlando-
su cuerpo desnudo, rayado como el de un tigre,
por el sol de la tarde
que se filtraba entre las persianas,
sus sedientos ojos azul intenso
que bebían agua en el manantial de los tuyos,
sus músculos suaves, esculpidos
que al tacto deseante y deseado
de tus manos eran fuego, sudor,
sinestesia de los sentidos,
olvidandote, olvidado, a qué otro tiempo,
en aquel dormitorio,
donde cada tarde, de tanta pasión que crea
el deseo, se empañaban los vidrios.

Again Jack

In a hotel bar,
after many years
of knowing nothing of that friend,
his name came up in conversation.
And when you asked about him,
the expression in the eyes
of the stranger with whom you were talking
made you realize that he had died

Then, you were left to your thoughts,
silent, sad, I don't know how long,
remembering—while people continued to chat—
his naked body, striped like a tiger's
by the afternoon sun
filtered through the blinds,
his thirsty intense blue eyes
that drank water from the spring of your eyes,
his smooth, sculptured muscles
which upon the desiring and desired touch
of your hands became fire, sweat,
the synaesthesia of the senses,
as you forgot yourself and were forgotten
in what other time, in that bedroom,
where every afternoon desire
created so much passion that it steamed the windows.

Concierto de cello

Las calles solitarias,
los parques, los jardines,
la pequeña ciudad
cubierta por la nieve,
en silencio, dormida.

El concierto de cello
que tus dedos y lira
recrean en el cuarto,
mientras la leña seca
arde en la chimenea
y el fuego resplandece
en tus pupilas negras
que, de pronto, me miran.

En breve pausa
la esperada caricia:
el roce de tu mano,
tibia en mi cabello.
El nuevo movimiento
que las cuerdas impulsan.
Las notas que nos hacen
fluir a la deriva
de las horas, las tardes,
en feliz compañía.

Y en seguida, las risas,
y las conversaciones,
el festín de la cena,

Cello Recital

Solitary streets,
parks, gardens,
the small city
covered with snow,
silent, asleep.

The cello concert
that your fingers and bow
recreate in the room,
while wood blazes
in the fireplace
and the fire glitters
in your black pupils
which suddenly look at me.

In a surprising pause
the hoped-for caress:
the graze of your warm
hand on my hair.
The next movement
which the strings propel.
Notes that make us
flow with the drifting
of the river of hours.

And after that, the laughter
and conversations,
the feast of dinner,
and then, the delight

y después, el deleite
de la carne en la cama.
Tus arterias azules,
dilatadas, latentes,
en dibujados muslos.
Tu boca con sabor
a durazno maduro.
El sudor de los cuerpos
y los suaves gemidos.
Los tránsitos del alma
y los de los sentidos,
que por magia nos hacen
dar el salto a otro tiempo,
mientras florece el cielo,
en millones de estrellas
intensas, titilantes.
La nieve de la ciudad,
blanca, inmaculada.
La ventana. La ropa
en el suelo. El cello
recargado en la silla.
Las ascuas del hogar
todavía encendidas.
Nuestros cuerpos desnudos,
a la luz de la luna,
vencidos por el sueño.

of flesh in bed.
Your blue arteries,
dilated and pulsing,
along taut muscles.
Your mouth with its taste
of ripe peach.
The sweat of bodies
and soft moans.
The transports of the soul
and those of the senses,
which by magic make us
leap to another time,
while the sky blooms
in millions of intense
trembling stars.

Snow in the city,
white, immaculate.
The window. Clothes
on the floor. The cello
resting on the chair.
The embers of the fire
still glowing.
Our naked bodies
in the light of the moon
overcome by sleep.

El plato azul

The Blue Plate

El plato azul

I

Se querían. Saberlo.
Cuando la luz de sus pupilas
se encontraba la realidad
era una epifanía.
El mundo se volvía transparente
y en su transparencia los cuerpos
sin tocarse sentían que se unían.
En el café-garten, unos bebían cerveza,
que se derramaba con el brindis de los tarros
sobre las mesas, mientras la música fluía;
otros cantaban, bailaban, reían.
Los dos eran muy jóvenes,
rubios, ojos azules:
los suyos acero, los de ella cielo.
Nora era de familia protestante,
acomodada, sobria.
Paul, hijo de abogados,
liberales que frecuentaban a todo mundo
y que recibían en su hotel particulier
a escritores, pintores,
y daban fiestas donde desfilaban
todas las muchachas hermosas, seleccionadas
en la sinagoga o en la oficina de su padre
-capullos cerrados en primavera.
Los dos con orgullo se sentían alemanes.

Aunque la apariencia hacía que todo
fuera posible, la realidad era compleja.

The Blue Plate

I

They loved each other. You have
to know this. When the light of their pupils
met, reality
became a feast.
The world turned transparent
and in its transparency their bodies
became one, without touching.
In the garden pub, some people drank beer
Spilling their toasts from steins
over the tables while the music flowed;
Others sang, laughed, danced.
These two were very young,
blonde, blue-eyed:
his steel, hers sky.
Nora came from a Protestant family,
well-to-do, austere,
Paul was the son of lawyers,
liberals who went about in the world
and received writers and painters
in their *hotel particulier*
and gave parties where beautiful youths
paraded who had been selected
in the synagogue or in father's office—
buds closed in Spring.
The two felt proud of being German.

Although appearance made everything
possible, reality was complex.

Sin que él lo imaginara,
lo seguían agentes de su padre,
y también obreros, oficinistas,
universitarios del partido en el poder.
Al mirarse no faltaba quien tomara nota.
Los sábados por la tarde él la recogía
para llevarla a la taberna
y el resto de la semana, ella en su habitación,
soñaba mirando por la ventana,
el río de las horas y los días,
y él taciturno, meditativo, angustiado,
también pensaba en ella.

II

En una biblioteca apenas iluminada
por la luz fría, débil, del invierno del norte,
el padre de Paul, vestido de tweed, caminaba
impaciente, de un lado a otro de la habitación,
debatiéndose en voz alta, entre las razones
que su origen y las tradiciones familiares
le dictaban y sus propias ideas.
Varias preguntas en relación a los encuentros
que tenía Paul iban seguidas de lamentos
juicios, opiniones y conjeturas.
En un sillón de respaldo alto, Paul escuchaba,
queriendo decir algo, extrañado, silente.
Parecía pequeño, reducido a sus propias
inseguridades, al tamaño que producen
la falta de carácter, la edad,
la voluntad incuestionable de los mayores.
Desde otro sofá, bella como siempre,

Without his even imagining it
he was followed by her father's agents
as well as laborers, office workers,
university graduates of the party in power.
There was no apparent lack of note takers.
Saturday afternoons he would pick her up
to take her to the garden pub,
and the rest of the week, in her room, she dreamed
looking through the window
at the river of hours and days,
and he, taciturn, contemplative,
anxious thought also of her.

II

In his library, scarcely lit
by the northern winter's cold, weak light,
Paul's father, dressed in tweeds,
was walking impatiently from one side
of the room to the other,
debating out loud with himself
both sides—the reasons
that his origins and family traditions
gave him, and his own ideas.
Various questions relating to Paul's encounters
were followed by laments,
judgments, opinions and conjectures.
In a high-backed chair, Paul listened
while wishing to say something,
but withdrawn, silent.
He appeared small, reduced to his own
insecurities, to the size produced

con el pelo arreglado con un broche de brillantes
y en el cuello un hilo de perlas,
su madre, a veces intervenía
diciendo algo sensato
desde su punto de vista, sin embargo hiriente,
como el fuego que sube por el esófago hasta
la garganta, produciendo un sabor
ácido, una exclamación seca, sorda,
logrando que Paul se sintiera más
pequeño, más indeciso:
"es tan sólo un capricho, ya se te pasará…"
Un mayordomo que servía
el café de la tarde,
parecía no oír nada de lo que se hablaba.
El padre de Paul continuaba, ahora contando
las noticias del último
año, muy alarmado,
mostrando una calma disimulada,
para no amedrentar
a Paul, a sus otros hijos que habían entrado,
de pronto, a la biblioteca en penumbra.
Sonó el teléfono. Avisaron lo que estaba
pasando aquella noche de cristal.
Apagaron las luces de la casa.
Ninguno más habló. Era el momento
de hacer los equipajes, poca cosa,
para un exilio interminable: algo de ropa,
zapatos y un abrigo -que salieran,
primero, los tres hijos,
a ver cómo, después, los padres.
Afuera, el jardín estaba cubierto de nieve

by lack of character, by youth,
by the unquestionable will of one's elders.
From another sofa, his mother,
beautiful as always, her hair held by a diamond barrette,
and around her neck a string of pearls,
sometimes interrupted to say
something sensible
from her point of view, but nevertheless wounding,
like the fire that rises through the esophagus
to the throat: a bitter taste,
a dry mute cry. Paul felt
smaller, more indecisive
"it's only a whim, you'll get over it…"
A butler serving
afternoon coffee
seemed not to hear.
Paul's father continued, quite alarmed,
now relaying the recent news,
making a show of being calm
so as not to frighten either Paul or his other children,
who had suddenly entered the shadowy library.
The telephone rang. Someone told
what was happening on that Kristallnacht.
They turned off the house's lights.
No one said anything more. The time
had come to pack bags with a few things
for an exile without end: some clothes,
shoes, an overcoat—the three children
were to leave first,
the parents would see how to go afterwards.
Outside the garden was covered with snow

y los abedules en las avenidas
que desembocaban en la fuente congelada
-en cuyo centro dos amantes de mármol blanco
eternamente se besaban—
al asomarse a la ventana, Paul vislumbró
la fragilidad de su libertad.
La bruma que se condensó de golpe
borró el horizonte.

III

Después de semanas, Nora recibió una carta
donde Paul le decía que no iría
a su cita. Ella llamó y llamó
y él nunca más contestó el teléfono.
Su melancolía fueron las rosas
que se marchitaron en el jardín
con el inicio del otoño. Fervor caído.

En la primavera conoció a otros
jóvenes dispuestos a cortejarla:
ingenieros de puentes y caminos,
abogados, algún noble arruinado,
pasantes de medicina, un pastor soltero
que recitaba poemas
de Heine, Novalis, Hölderlin, Goethe
y leía trozos de la Biblia, hijos
de comerciantes, con los pómulos muy marcados,
de cabellos dorados y narices
pequeñas, conocedores de vinos,
lares alpinos, donde la hierba crece, verde, fresca,
entre montañas coronadas de nieve perpetua,

and the birches, too, along the avenues
that converged at the frozen fountain—
in whose center two snow-white marbled lovers
eternally kissed—
when Paul put his head out of the window,
he glimpsed the uncertainty of his liberty.
The mist that suddenly condensed
erased the landscape.

III

Some days later, Nora found a letter
in which Paul told her that he would not keep
their appointment. She called and called
and he never again answered the phone.
Her melancholy matched the roses
that had wilted in the garden
at the beginning of autumn. Fallen passion.

In the spring she met other
youths disposed to court her:
road and bridge engineers,
a ruined noble,
graduates in medicine, a bachelor preacher
who recited poems
of Heine, Novalis, Hoelderlin, Goethe,
and read out passages from the Bible, sons
of businessmen with high sharp cheek bones
golden-haired with small noses,
connoisseurs of wines,
of alpine retreats where grass grows green and damp,
among mountains crowned perpetually with snow,

puertos y ciudades mediterráneas,
llenas de sol, geografías exóticas,
donde los camellos dejan huellas en la arena,
pero ninguno le gustaba.
Por uno de ellos supo
que Paul se había ido a Inglaterra
y sus otros hermanos
a Estados Unidos y Sudamérica.
Abandonados por el personal de servicio
los padres de Paul se quedaron solos,
mirando entre las cortinas de los ventanales
de la fachada principal como caminaban
los empleados de su firma rumbo
a la estación central,
con la estrella de David hilvanada
en el brazo y los rostros demacrados.
El éxodo se daba hacia todos los lugares.
El verdadero terror había ya empezado.

IV

En una habitación de Londres, Paul empezó
un pequeño negocio en plena guerra:
con plumas de ganso y finas varillas de acero
con la punta afilada
fabricaba ligeros y volátiles dardos
que con su mano hábil ponía a prueba,
lanzándolos para dar en el blanco,
en el centro preciso que formaban
los círculos concéntricos
de los tableros por él torneados y pintados.
Y cuando llegaban los aviones bombarderos

of Mediterranean cities and ports,
full of sun, of exotic geographies
where camels leave prints in the sand,
but she did not like any of them.
Through one, she learned
that Paul had left for England
and his brothers and sisters
for the United States and South America.
Abandoned by their servants,
Paul's parents were left alone,
and through the curtains of the large front windows
they watched their employees go
from their company
to the central station,
with the Star of David stitched
to their arms, their faces gaunt.
The exodus led everywhere.
The terror had begun.

IV

In a London room, Paul founded
a small business at the height of the war:
with goose quills and fine steel sticks
with sharpened points
he made light flying darts
he would test with his able hands
launching them at their target,
in the exact center
formed by the concentric circles
of the boards he shaped and painted.
And when the bombers arrived

en la ciudad sin luces,
como el resto de la población se sumergía
en el underground cercano a su cuarto.
Ahí había viudas,
mujeres separadas
de sus maridos, niños asustados,
toda la noche, durante interminables horas
en las que nadie hablaba.
Después, las sirenas tocaban y entre la niebla,
densa, espesa, la gente
volvía a sus casas, algunas ya derrumbadas.
Como Paul tenía acento alemán,
era sospechoso. Tenía que caminar
de un lado a otro del andén, con pasos largos, lentos,
con un dardo en la mano, deseando
lanzarlo desde un avión imaginario,
contra qué, contra quiénes.
Quizá sus padres, nana, amigos más queridos
estarían en los campos de trabajo forzado…
También pensaba en Nora,
en su sonrisa y sus ojos
y las tardes en la taberna
cuando el sol iluminaba su rostro,
el mantel blanco, las copas de vino dorado,
dulce, de tanta luz que respiraba la tarde
y las manos entrelazadas.

En su pequeña habitación de Londres
Paul escuchaba la radio.
Cuando dormía soñaba con cristales rotos,
piedras, éxodos, seres mutilados,

over the blacked-out city,
he submerged like the rest of the population
in the *underground* close to his room.
There, widows,
women separated
from their husbands, frightened children,
stayed all night, through interminable hours
in which no one spoke.
Afterwards sirens sounded and in the dense
fog people returned to their houses,
some already demolished.
Since Paul had a German accent,
he was suspect. He walked from one side
of the platform to the other with long and slow steps,
a dart in his hand, wanting
to launch it from an imaginary plane,
against what, against whom.
Perhaps his parents, nanny, his closest friends
were in the forced labor camps…
He thought of Nora, too,
of her smile and her eyes,
and those afternoons at the garden pub
when the sun would light her face,
the white tablecloth, the cups of sweet, golden
wine, the afternoon breathing so much light
and their intertwined hands.

In his small London room
Paul listened to the radio.
When he slept, he dreamed of broken windows,
stones, exodus, mutilated beings,

muertos, ruinas, incendios, humo. Y al despertar,
la guerra le parecía algo irreal.
Todo lo que había vivido en su corta vida
se había disuelto como el terrón de azúcar
en la taza de té que bebía amargamente
para quitarse el frío,
para sentirse vivo
aunque fuera sólo por un instante.

V

En plena guerra Nora se casó
con un alto oficial de la Gestapo.
En la pequeña iglesia blanca
resaltaban en los brazos de los comandantes,
sargentos, coroneles
y otros militares las suásticas negras sobre
rojo intenso y en el pecho condecoraciones.
Había señoras con cibelinas,
zorros plateados con ojos de vidrio,
cargadas de joyas y bien vestidas
y señores, sombreros en la mano,
que al saludar juntaban los talones
y se inclinaban besando las manos
de las damas, guardando
distancia, claro está, según el rango.
En el momento de la bendición nupcial,
ella sintió que se casaba
con Paul. Celebración
sublime del cielo con el infierno.
Un coro de niños iluminó
la iglesia sin imágenes.

deaths, ruins, fires, smoke. And when he woke,
the war seemed unreal.
Everything he had lived in his short life
had dissolved like a sugar cube
In the cup of tea he drank bitterly
to take away the chill ,
to feel alive
even if only for a moment.

    V

In the middle of the war, Nora married
a high official of the Gestapo.
In the little white church
black swastikas stood out over intense red
on the arms of commanders,
sergeants, colonels
and other soldiers, and the medals on their chests.
There were well-dressed, jewel-bedecked
women wearing sable
and silver foxes with glass eyes,
and men, hats in hand,
who when they said hello tapped their heels together
and bent to kiss the ladies' hands—
keeping their distance,
certainly, according to rank.
At the moment of the wedding blessing
she felt she was marrying
Paul. Sublime
celebration of heaven with hell.
A children's chorus lit up
the imageless church.

A la salida ella lanzó el ramo de azahares
a una amiga que la miró en silencio
y discretamente con el rabillo
del ojo. Entre los velos Nora sonrió.

Una lluvia de pétalos
bañó la diminuta plaza:
se dispersó la gente
mientras los cerezos en flor se desnudaron
dejando el lugar vacío, sin nadie,
como la soledumbre helada
y la alegría simulada
que sentiría Nora
entre los muros de su casa
en donde se escuchó,
segundo tras segundo,
el tic-tac del reloj
durante años de espera.

VI

Nora fue una esposa ejemplar. Podía
haber sido la actriz
para una película de propaganda Nazi:
horneaba pasteles, galletas, que decoraba
dibujando rostros sonrientes, como los niños
gordos y saludables de la Nueva Alemania.
Cuidaba de su casa.
Recibía como nadie.
Tenía un gramófono donde escuchaba
a Wagner, una radio donde oía
los discursos del régimen

At the exit she threw a branch of orange blossoms
to a friend who looked at her silently
and discreetly out of the corner
of her eye. Behind her veils, Nora smiled.

A rain of petals
bathed the tiny plaza:
the people dispersed
while the blooming cherry trees undressed
leaving the place empty, without anyone,
like a frozen and fiery solitude
and like the fictitious happiness
that Nora would feel
within the walls of her house,
where she listened,
second by second,
to the clock's tick-tock
during years of waiting.

VI

Nora was an exemplary wife. She could
have been the actress
in a Nazi propaganda film:
she baked cakes and cookies she decorated
by drawing smiling faces, like the stout,
healthy children of the New Germany.
She took care of the house.
She received guests better than anyone.
She had a gramophone on which she listened
to Wagner, a radio on which she heard
the speeches of the regime

—que ella, frente a él, admiraba—
y una sirvienta que había trabajado
en casa de los padres de Paul,
por mera coincidencia.
Una mañana que las dos mujeres salieron
a podar el viejo y nudoso arbusto de lilas,
la muchacha le dijo,
que los padres de Paul
estaban escondidos y en peligro.
Sopló un viento muy frío,
navajas hirientes sobre sus rostro enrojecidos:
con los pies sumergidos en el fango,
lleno de pequeñas hojas de escarcha,
se tambalearon. Entre balbuceos,
con miedo, quizá pavor, y una fuerza
que emanaba del corazón
tramaron el plan:
el viejo matrimonio
llegó a la casa cuando oscurecía,
ella vestida de sirvienta, con una cofia
de encaje en la cabeza
y un viejo abrigo que la protegía del frío;
él de jardinero. En seguida la valiente
muchacha y su marido
salieron con la misma ropa
y entre la niebla desaparecieron.

Nora metió a los padres
de Paul en una pequeña habitación del sótano.
Y así pasaron todos
la guerra: unos en los pisos de arriba, otros

—in front of him, she admired them—,
and a maid who
by mere coincidence had worked
in Paul's parents' house.
One morning when the two women went out
to prune the old, knotty lilac bush,
the maid told her
that Paul's parents
were in danger.
An icy wind blew
like knives over their red faces:
with their feet in mud,
full of tiny frosted leaves,
they staggered. From babbling
with fear, perhaps terror, and a strength
emanating from the heart,
they hatched their plan.
The old couple
arrived at her house at dusk—
she was dressed as a servant with a lace cap
on her head
and an old overcoat;
he as the gardener. Then right away
the brave maid and her husband
left in the same clothes
and disappeared in the fog.

Nora put Paul's parents
in a small room in the cellar.
And thus they all lived out
the war: some in the rooms above,

en el de abajo.
Cuántas horas inmensas como los trenes
llenos de reos, personas deformes, judíos
y homosexuales, hacia dónde...
Cuántas horas largas como el silencio
que se alarga entre frase y frase, entre
oración y oración, entre marido y mujer,
hablando de la guerra,
del futuro anhelado sin futuro,
del ayer que no será nunca más
mañana, del presente estéril,
sin hijos, ni deseos de tenerlos,
en ese mundo que se destruía
instante tras instante.
Cuántas horas de conversaciones sin sentido
en que la angustia crece,
cuando alguien abre una puerta y la madera cruje,
o cierra una ventana
y el ruido llega hasta los oídos,
o cuando pasa un gato por un tejado
y agita las ramas secas de un olmo,
en la mitad de la nada sonora.
Cuántas horas y días y meses en que Nora
finge alegría y celebra con su marido
las conquistas de la Nueva Alemania
pero también, callada, las derrotas,
el avance lento de los dos frentes,
que no sabe por las noticias, sino
por la gente que pasa
cuando sale de compras,
o por los encuentros casuales

others in the one below.
How many hours as immense as the trains
full of prisoners, the deformed, Jews
and homosexuals, going where?....
How many long hours like the silence
that lengthens between one phrase and the next, between
one sentence and the next, between husband and wife,
talking about the war,
about the longed-for future without future,
about the yesterday that will never again
be tomorrow, of the sterile present,
without children or any desire to have them,
in this world destroying itself
minute by minute. How many hours
of meaningless conversations
in which anguish grows;
when someone opens a door and the wood creaks;
or someone closes a window
and the noise reaches another person's ears;
or when a cat walks across a roof
and shakes the dry branches of an elm,
in the middle of the resonant nothing.
How many hours and days and months in which Nora
feigns happiness and with her husband celebrates
New Germany's conquests
but also, silently, its defeats,
the slow advance on two fronts,
that does not know of from the news, but
from people who pass
when she goes out to shop,
or from casual meetings

con aquella amiga que la miró
en la boda. Cuántas horas y días
piensa en lo que piensa su esposo,
sin atreverse a abrir los labios, sin atreverse
a decir nada, callada, llena de terror,
tratando de adivinar cualquier cosa,
o llora metida en su habitación
y sale con el rostro maquillado
y divide la comida de dos
o tres, ya racionada, en cinco
-porque la valiente muchacha sigue
trabajando, también en silencio, también muda-
dándole una ración mayor a su buen marido
y quedándose ella sin nada, o con un poco
de coraje en el estómago casi vacío.
Cuántos minutos que son como infinitas horas
en las que baja la escalera sin hacer ruido
para llevarles algo, cualquier cosa,
unas papas, un poco de pan, unas galletas,
una sopa de pollo y verduras
o nada, una pequeña sonrisa,
o un poco de compañía,
sin ni siquiera poder decirles buenos días,
porque los días no son buenos, porque los días
son una pesadilla, que se alarga
interminablemente, y lo único que importa
es sobrevivir. O manda a la chica
abajo, con un poco de café
para que se calienten
sus entumecidos y fríos huesos,
para que se animen tan sólo un poco

with that friend who looked at her
in the wedding. For how many hours and days
does she think about what her husband thinks,
without daring to open her mouth, without daring
to say anything, silent, filled with terror,
trying to guess something,
or she cries, shut in her room,
and goes out with her face made up,
and divides the food for two
or three, that is already rationed, into five
—because the brave servant continues
to work, also in silence, also mute—
giving a larger ration to her good husband
and leaving herself without anything, or with a little
courage in her almost empty stomach.
How many minutes are like infinite hours
in which she goes down the stairs without making a sound
to carry them something, anything,
some potatoes, a bit of bread, crackers,
a chicken and vegetable soup
or nothing, a little smile
or a bit of company,
without even being able to say good day to them
because the days are not good, because the days
are a nightmare that grows
interminable, and the only that matters
is survival. Or she sends the girl
down with a little coffee
to warm
their cold, swollen bones,
to enliven them, if only a little,

después de no haber visto el sol por meses y meses,
para que se miren y se den cuenta
de que se hicieron viejos
tan sólo en unos días,
y que no tienen deseos de vivir ya más,
y maquinan quitarse la vida, si eso es vida,
y después se arrepienten,
y deciden no hacerlo.
Cuantas horas piensan en sus tres hijos,
en las bombas que caen
sobre Londres, en sus otros parientes y amigos
sin tener ninguna noticia, sin atreverse
a preguntar, porque a veces ellos desconfían
sin saber los porqués.
Cuantas cosas que uno no sabe y que sucedieron
en aquella ciudad, en esa casa,
y que hoy es sólo historia,
unas cuantas estrofas incompletas,
recreadas a partir
de lo que Nora años después le contó a mi madre,
a la hora del desayuno, la comida o cena,
durante muchos días,
mirando siempre la foto de Paul,
que colocaba en frente de ella sobre una mesa,
poco antes de morir de una embolia cerebral,
ya con bastantes años,
y habiendo callado su historia toda la vida,
o quizá forzándose día a día,
a olvidarla, para siempre y sólo recordar
el tiempo feliz que pasó con él.

after they have not seen the sun for months and months,
so that they might look at each other and realize
they have become old
only in a matter of days,
and they have no desire to live any longer,
and they plot to take their lives, if this is life,
and afterwards they feel remorse
and decide not to do it.
For how many hours do they think about their three children,
about the bombs falling
over London, about other relatives and friends
of whom they have no news, without daring
to ask, because at times they distrust everything
without knowing why.
How many things does one not know, that happened
in that city, in that house,
that today are only history,
a few unfinished stanzas,
recreated from what
Nora told my mother many years later
at breakfast, lunch, and dinner,
over many days,
always looking at Paul's photo,
which she placed in front of her on a table,
not long before dying of a cerebral embolism,
already very old,
having kept her history quiet all her life,
or perhaps forcing herself day by day
to forget it forever and remember only
the happy time she spent with him.

VII

Después de la toma de Alejandría,
la batalla de Stalingrado, la retirada
de los ejércitos italianos y alemanes
del norte de África, el desembarco
de los aliados en Sicilia, el bombardeo
de Hamburgo, y el día D en Normandía,
el pueblo alemán sufrió mucho. Y Nora,
como hay que imaginarse,
hacía enormes filas,
diciendo, cuando era oportuno,
según quien se encontraba delante o atrás,
que la nación recuperaría su grandeza
o que la ciudad sería tomada.
-¿Cuándo? ¿De qué manera?
¿Bombardeada? ¿Por quién?
Y sudando regresaba a su casa
aprisa, a su casa que fue sólo su casa
unos meses más, unos siglos más,
en su larga espera,
porque el reloj de la sala dejó
de hacer tic-tac, segundo tras segundo,
y de marcar las horas con su fino y agudo
sonido de metal, y el tiempo se hizo más largo,
como quien espera por el aire,
entre nubes blancas, espesas,
-como los algodones
que limpian las heridas de los caídos-
que pasen los aviones.
Y otros problemas la atormentaron y aliviaron,

VII

After the siege of Alexandria,
the battle of Stalingrad, the retreat
of the Italian and German armies
from North Africa, the landing
of the Allies in Sicily, the bombing
of Hamburg, and D Day in Normandy,
the German people suffered greatly. And Nora,
one has to imagine it,
joined long lines,
saying, when the moment was right,
depending on who was in front or behind,
that the nation would recover its greatness
or that the city would be taken.
"When? How?
Bombarded? By whom?"
And she returned home sweating,
hurrying to the house that was hers
for only a few months more, a few centuries more,
in her long waiting,
because the living room clock stopped
ticking, second after second,
and marking the hours with its fine,
sharp metallic sound, and time grew longer,
like someone who waits in the air,
among thick white clouds—
like cotton
for cleaning the wounds of the fallen—
for the planes to pass.
And other problems

porque las tropas soviéticas cruzaron ríos
y llanuras y tomaron la mitad de Europa,
y los aliados llegaron hasta el Rhin, cansados,
con las botas en el lodo y los rostros sonrientes,
demacrados, con júbilo y dolor,
liberando ciudades y países,
donde ondearon banderas
y la gente cantó,
bailó, bebió con ellos,
entre los escombros, el sufrimiento, la dicha.

Pero otro sonido más fuerte, más insistente,
que la fina campana del reloj
empezó a detonar:
cayeron bombas destruyendo
ciudades, barrios y casas,
-entre ellas la de Nora
y quizá la de Paul,
y a los amantes abrazados eternamente
en el surtidor (donde desembocaban todos
los caminos de aquel jardín,
que ya nadie más vió)
indiferentes a lo que había sucedido,
como si el tiempo para ellos jamás
hubiera existido y sólo importara
la mirada ciega que los unió
con el paciente martillo y cincel.
En toda esa catástrofe las llamas
se alzaron hasta el cielo
-incendiado bosque en los círculos concéntricos
del tablero de Paul.

had afflicted and relieved her,
because Soviet troops crossed rivers
and fields and took half of Europe,
and the Allies reached the Rhine, tired,
their boots in mud and their faces smiling,
gaunt, with joy and pain,
liberating cities and countries,
where flags waved and people sang,
danced, drank with them,
amidst the rubble, the suffering, the joy.

But another sound, louder, more insistent
than the clock's fine chime
began to detonate:
bombs fell destroying
cities, neighborhoods and houses,
—Nora's and perhaps
Paul's among them—
and the lovers embraced eternally
in the fountain (where all the paths
of that garden converged,
that nobody ever saw again)
indifferent to what had happened,
as if time had never
existed for them and the only thing that mattered
was the blind gaze with which patient hammer and chisel
had united them.
The flames of all that catastrophe
reached the sky—
a burnt forest inside the concentric circles
of Paul's game board.

La ciudad se hizo escombros,
ascuas, ojos brillantes pululando
por todos sitios, llenos de terror,
en cada esquina, calle, edificio,
durante toda la noche,
hasta el alba roja de tanta sangre.

Nora se salvó. No sé dónde estaba.
Salió desesperada
por calles y avenidas
a buscar a su madre.
La encontró en una camioneta
de correos, dormida.
Cuando despertó no podía hablar.
Un grito mudo salió por sus ojos,
amarillo, negro, blanco.
Cuántos días pasaron
hasta que las dos mujeres pudieron
tomar el primer tren,
hacia dónde -no sé-,
y llegar a Francia
y después -no sé cómo-,
cruzar el canal y encontrarse al fín,
con Paul -no sé cómo-, en Londres, envejecido,
triste, con felicidad, amargura
dolor y también amor, igual que ellas.

The city turned to rubble,
embers, brilliant eyes swarming
over every site, full of terror,
on every corner, street, in every building,
through the night,
until the dawn red from so much blood.

Nora was saved. I don't know where
she was. She ventured out desperate
down streets and avenues
in search of her mother
and found her in a mail
truck, asleep.
When she woke, she could not speak.
A mute cry came out of her eyes,
yellow, black, white.
How many days passed
before the two women were able
to take the first train,
to where—I don't know—
and reach France
and afterwards—I don't know how—
to cross the Channel and find themselves at last
in London—I don't know how—with Paul,
who was as aged,
as saddened, as filled with happiness, bitterness,
pain and also love, as they were.

De *primeros poemas* (1977–80)

Nota del traductor: Manuel quiso incluir estos poemas primero en la selección de poemas que me dio a traducir en la Ciudad de México a finales de 1999. Los incluyo aquí al final de la colección. Son poemas de su juventud, bien hilados e imaginistas y que merecen ser contemplados. Pero están escritos en un registro más tranquilo y menos ambicioso que los principales poemas que ha leído hasta ahora. Aquí están:

From *First Poems* (1977–80)

Translator's Note: Manuel wanted to include these poems first in the Selected Poems he gave me to translate in Mexico City in late 1999. I am including them here at the end of the collection. They are poems of his youth, well-spun and imagist and worth contemplation. But they are written in a quieter, less ambitious register than the major poems you have read until now. Here they are:

En la playa

En la playa
palabras de sal y espuma
se dibujan en la arena.
    Las olas del mar
nombran a la tierra.

La tortuga milenaria

En el jardín
la tortuga milenaria
se come la palabra hierba.

Nieve

Por la noche
una sábana blanca
borra las huellas del día.

On The Beach

On the beach
words of salt and spray
sketch themselves.
    The sea's waves
name the earth.

The Millennial Tortoise

In the garden
the millennial tortoise
eats the word grass.

Snow

Through the night
a white sheet
erases the day's prints.

Puerto nuevo

Un viejo barre la nieve que sepulta el jardín.
Busca la sombra del árbol que lo cubrió en verano.
Radiografía solar:
los huesos desnudos del ciruelo
las hojas al contacto con la luz.
Vendrá la primavera
a llenar de flores blancas
una tumba en el cementerio de New Haven.

Volcan

El volcán encendido
lava de nieve
por nuestros muslos.

Agosto

Bajo la parra
gotas de deseo
las uvas ya maduras.

New Port

An old man sweeps the snow that buries the garden.
He looks for the shade of the tree that sheltered him in summer.
Solar x-ray:
the plum tree's naked bones,
leaves that touch the light.
Spring will come
to fill with white flowers
a grave in the cemetery at New Haven.

Volcano

The volcano stoked
lava snow
along our thighs

August

Under the vine
drops of desire
grapes already ripe.

Te he buscado

Te he buscado en la geometría de las cosas
en las aristas de la habitaciones vacías
en la copa de luz que bebemos al despertar
en el pan de cada beso, y no te he hallado.

Voy dejando en mi camino la vida.
Pronto seré viejo. Sólo me consuela
saber que caminas conmigo, ausente
por las habitaciones vacías del lenguaje.

La palabra

A Haroldo de Campos

sale de la pluma
como el conejo del sombrero de un mago
astronauta que se sabe sola y sin peso
       suspendida en una línea
en el espacio.

I Have Looked For You

I have looked for you in the geometry of things,
in the corners of empty rooms,
in the cup of light we drink upon waking,
in the bread of each kiss, and yet I have not found you.

I go on leaving life behind me in my path
Soon I'll be old. I am consoled only
by the knowledge that you walk alongside, absent,
through the empty rooms of language.

The Word

A Haroldo de Campos

pops out of the pen
like a rabbit out of a magician's hat
astronaut who knows himself alone and weightless
        suspended on a chord
in space.

Conrail wax museum

Sentados en el tren,
tedio de la diaria monotonía
-del suburbio a la ciudad,
de la ciudad al suburbio-
Next stop Westport
él abrió el *New York Times*
ella una revista de gourmets,
estaciones siempre vistas y olvidadas,
páginas que se borran
como los rieles en el paisaje.
Pronto el sueño lo venció,
enfrente unos jóvenes se besaban,
lagrimas empañaron la mirada de la mujer,
el aliento de la noche en la ventana.
Y pensó que también en él había existido el deseo
mientras pasaba las hojas:
un ganso *au citron* despatarrado.

Conrail Wax Museum

Sitting on the train,
irritated by the daily monotony—
from suburb to city,
from city to suburb—
Next stop Westport,
he opened the *New York Times,*
she a gourmet magazine,
stations forever seen and forgotten,
pages rubbed out
like the railroad tracks in the landscape.
Soon, sleep overcame him;
in front, some young people were kissing,
tears stained the woman's face,
night breathed through the window.
And she thought how desire had once dwelled
in him too, as she turned the pages:
Goose *au citron*, feet strung up.

Eaton Hall

El edificio donde vivo es un animal dormido
    el esqueleto de los muros divide espacios
mi vecino camina arriba y no sé quién es
        escucho sus pasos
se lava las manos o prepara una taza de té
el agua fluye por los tubos
una gota se derrama   es el tiempo
el silencio habita músculos de aire
        una lámpara ilumina mi cuarto
en la oscuridad de la noche
        la luz se diluye en la ventana
por la calle pasan coches
la luna desde afuera ilumina su piel.
Él también desde su sueño me escucha vivir.

Eaton Hall

The building where I live is an animal asleep,
    the skeleton of walls divides the space
My neighbor walks above and I do not know him
        I listen to his footsteps
He washes his hands, makes a cup of tea
The water flows through the pipes
A drop spills   it is time
Silence inhabits muscles of air
       A lamp lights my room
in the darkness of night
       The light dissolves through the window
in the street, cars pass
outside, the moon shines his skin.
He too, from within his dream, listens to me live.

Epílogo: Manolo Ulacia, ¡presente!
(Indran Amirthanayagam)

Manolo fue arrastrado por una víbora en el mar.
Se fue lejos con aquella corriente de resaca,

lejos de la tierra, de la vida, al mundo de
los mitos, más allá de Hades, a las estrellas

que emiten luces negras en un inframundo,
de sueños, de pesadillas, al otro lado del dolor

y de la razón, pero hay justicia en este mundo,
que viene tarde o temprano, que no va a dejar

inapercibida aquella muerte a las cinco de la tarde
un domingo a la vista de la playa Buenavista

cerca de Ixtapa y de Zihuatanejo, en México
donde nos hicimos amigos y socios, donde

nos entregamos el uno al otro el más precioso encargo,
la metáfora, y ahora más de veinte años después

de aquel robo en altamar viene el fruto,
el testamento, tus poemas, Manolo, nacidos de nuevo.

                1 de Octubre, 2022

Epilogue: Manolo Ulacia, present!
(Indran Amirthanayagam)

Manolo was carried away by a snake in the sea.
He traveled far away with that undertow, far away

from the earth, from life, to the world of myths,
beyond Hades, to the stars which emit black

lights in an underworld, of dreams, of nightmares,
to the other side of pain and of reason,

but there is justice in this world, that comes
sooner or later, that will not leave unnoticed

that death at five o'clock in the afternoon
on a Sunday before the Buenavista Beach

near Ixtapa and Zihuatanejo, in Mexico
where we became friends and partners,

where we gave each other the most
precious charge, the metaphor,

and now more than twenty years
after that robbery on the high seas

comes the fruit, the testament,
your poems, Manolo, born again.

        October 1, 2022

Indran Amirthanayagam produced a "world record" in 2020 publishing three poetry collections written in three different languages. He writes in English, Spanish, French, Portuguese and Haitian Creole. He has published twenty two poetry books, including *Isleño* (R.I.L. Editores), *Blue Window* (translated by Jennifer Rathbun) (Diálogos Books), *Ten Thousand Steps Against the Tyrant* (BroadstoneBooks), *The Migrant States* (Hanging Loose Press), *Coconuts on Mars* (Paperwall), *The Elephants of Reckoning* (Hanging Loose Press, winner 1994 Paterson Poetry Prize), *Uncivil War* (Mawenzi House), and *The Splintered Face: Tsunami Poems* (Hanging Loose Press). In music, he recorded *Rankont Dout*. He edits the *Beltway Poetry Quarterly* (www.beltwaypoetry.com); writes https://indranamirthanayagam.blogspot.com; writes a weekly poem for *Haiti en Marche* and *El Acento;* has received fellowships from the Foundation for the Contemporary Arts, the New York Foundation for the Arts, The US/Mexico Fund for Culture ,the Macdowell Colony. He is a 2021 Emergent Seed grant winner. His poem " Free Bird" has been nominated for the Pushcart Prize. Hosts The Poetry Channel https://youtube.com/user/indranam. New books include *Powèt nan po la (Poet of the Port)*. Indran publishes poetry books with Sara Cahill Marron at Beltway Editions (www.beltwayeditions.com). Amirthanayagam received the IFLAC World Poeta Mundial 2022 distinction in 2022.

Portrait of Indran by Anandan Amirthanayagam.

DIÁLOGOS BOOKS
dialogosbooks.com

www.ingramcontent.com/pod-product-compliance
Lightning Source LLC
Chambersburg PA
CBHW020327170426
43200CB00006B/303